素人手記

我慢できなくて…
つい自分から誘ってしまったんです…

欲求不満が溜まりすぎた女たちの絶頂告白

愛の体験編集部 編

竹書房文庫

第一章　淫らな欲求不満に悶えて

第二章 激しい欲求不満に震えて

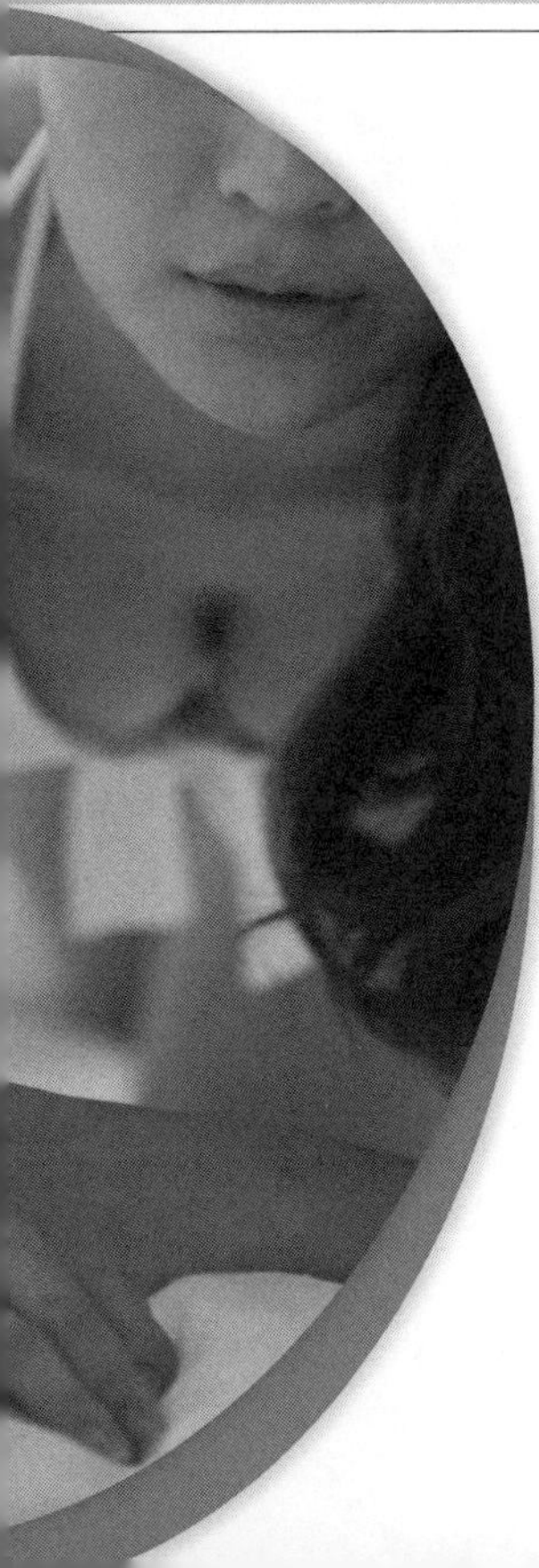

第三章 沸き立つ欲求不満に喘いで

第四章
燃え上がる欲求不満に狂って

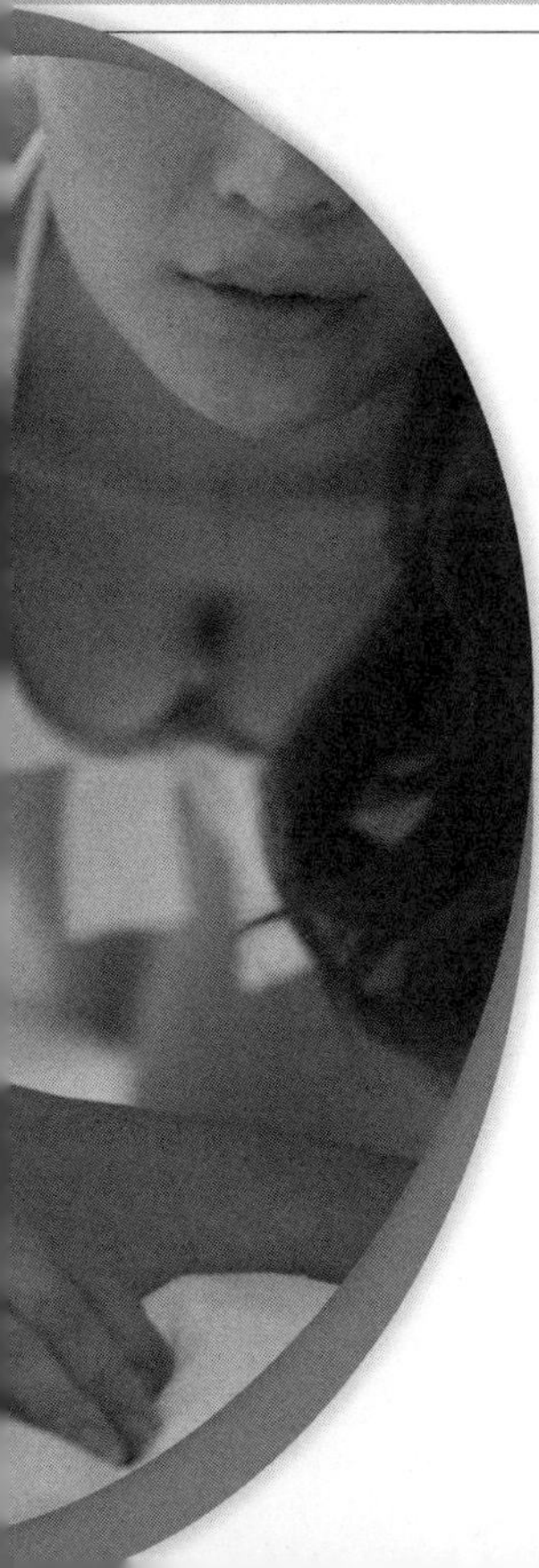

第一章

淫らな欲求不満に悶えて

■ぷっくりと恥ずかしいくらい大きく膨らんだクリ豆が舌先でねぶり転がされ……

夫のリモート勤務でセックスレス？　禁断の淫欲W不倫

投稿者　来島みゆき（仮名）／31歳／パート主婦

夫の仕事が完全にリモートになり、会社に行かなくなってからもう半年ほどになります。私が週に三日、五時間のパート勤めに出る以外は、ほぼ日がな一日、自宅マンションの中で夫婦で顔を突き合わせているという生活が続いています。

まあそれ自体はしょうがないことなのですが、意外だったのは私たち夫婦の性生活に起こった変化でした。

もともと私と夫は夫婦仲がよくて、結婚五年目を迎える今になってもラブラブ状態で、週イチのセックスを愉しく満喫していました。ところがこの半ば強制的な夫婦水入らずのライフスタイルに変わってから、なぜか逆にセックスレス状態に陥ってしまったのです。常にいっしょにいることで、相手の顔を見飽きて刺激やドキドキが無くなってしまったのか……夫は私を求めてこなくなり、私のほうも夫に抱かれたいとは思わなくなり……。

でも私としては、決して性欲が無くなったわけではなく、恥ずかしい話、欲求不満はつのるばかりで……夫が相手というのがイヤなだけなのです。なので、夫が自室にこもって仕事をしている間、こっそりオナニーで自分を慰めてはカラダの火照りを鎮めているという有様。まあ、夫のほうもひょっとして、私に隠れて自分でしてるのかもしれませんが。

そんなある日、どうしてもリモートでは対処できない事態が起こったということで、夫が前回の出社日から数えて実に二ヶ月ぶりに、お昼頃スーツを着て会社へ出かけていきました。帰宅は夕方の六時頃ということでした。

さあそこで、夫を玄関で見送った私が、そのあとすぐにしたこと。

それは、スマホでパート先のスーパーの男性社員に連絡することでした。

彼はMさん（三十二歳）という魅力的な既婚男性で、私たちパート主婦の中でも『ダブル不倫したい相手ナンバーワン』として絶大な人気があったのですが、実は私、密かに彼から告られ、口説かれてる最中だったのです。でも私としては悪い気はしないものの、今一歩、それに応える思い切りがつかなくて、のらりくらりとかわしてるという状態だったのですが……。

「あ、Mさん？　私、来島です。今から二人だけで会えますか？」

身中から溢れ、ほとばしる性的情動のままに、早口にそう言っていました。

「えっ、今から？　嬉しいけど急だなあ。う～ん……」

しばし逡巡していたMさんでしたが、結局、勤務体制の都合をつけて、一時間後にマンションの近くまで車で迎えに来てくれることになりました。私は昂るばかりの期待と興奮を抑えつけながら、急いでシャワーを浴びて身ぎれいにし、顔には薄化粧を施しました。

そしてその後、やって来た彼の車に乗り込んだ私は、このままホテルに直行してくれるよう言いました。これまでとは異なる私の態度の急変ぶりに一瞬驚いた顔を見せたMさんでしたが、黙って言うことを聞いてくれました。

「うん、それがいいね。僕もギリギリ二時間くらいしか余裕がないから。ぼやぼやしてたら店長に大目玉くらっちゃうよ」

そう冗談めかして言いながらも、その目をギラギラと欲情で光らせて。

ホテルにチェックインした私たちは、即座にお互いに服を脱ぎ始めました。ブラをとり、パンティも脱いだあとMさんのほうを見ると、彼もすっかり全裸になっていて、学生時代、ラグビーで鍛えたというその引き締まった肉体を惜しげもなくさらしていました。そして、その股間のモノはすでに大きく隆起していて……。

「ああ、来島さん……いや、みゆきさんのその魅力的なカラダ見てたら、僕のももう、こんなになっちゃったよ」

ちょっとはにかむようにそう言うMさんの足元にひざまずくと、私はおもむろにそのペニスを咥え、無我夢中でフェラチオしていました。大きくパンパンに張り出し、真っ赤に充血したその亀頭をヌルリと口内に吸い込み、ジュクジュク、ヌチュヌチュと淫靡な音をたてながらねぶり吸いたて、そのまま顔を前後に大きく行き来させてジュボジュボとむさぼって。

「う、うう……んく、す、すげ……たまんないよ、みゆきさん……ああ」

頭上から彼の恍惚とした声を浴びながら、私も自然と乳首を固くし、アソコを熱く疼かせていました。

「ああ、ちょ、ちょっと待って。みゆきさんのも味わわせてよ。ね？」

Mさんは私のフェラを止めさせると、手を引いてベッドへと導き、私の体をそこへ横たえました。ほんとは私、ギンギンに固くなった亀頭の先から滲み出してきたMさんの甘苦い透明な液体をもっと味わいたかったのに……と、後ろ髪を引かれる思いでしたが、それも、次の瞬間には跡形もなく吹き飛んでいました。Mさんが私の股間の中心に顔を埋め、飢えた野良犬が餌にがっつくようにむさぼってきたからです。

ぷっくりと恥ずかしいくらい大きく膨らんだクリ豆が舌先でねぶり転がされ、愛液でしとどに濡れた肉のクレパスがしゃぶり吸われて……、

「あ、あひっ、んはあ……んくうっ、ああっ！」

待ち焦がれた快感の電流が全身を激しく貫き、私はエビのように体をのけ反らせて悶え、ヨガってしまいました。

「んじゅぶ、ぬぶっ、んちゅっ……ああ、みゆきさんのジュース、甘くてねっとりとしておいしいよ……まるでエロいネ◯ターみたいだ……ジュルジュルッ！」

「あひっ、ひ、ひぃあぁぁぁっ……！」

Mさんが某清涼飲料水にたとえながら私の愛液を啜りあげ、その甘美すぎるバキューム感に、私は自分がおかしくなってしまうのではと思ったくらいでした。

「わ、私にもっ……もっとMさんのオチン◯ン、味わわせてっ！」

「よし……お互いに舐め合いっこしようよ、シックスナインで」

完全にインランモードに突入してしまった私のおねだりにMさんはそう応えると、体を逆さまにして私の上に覆いかぶさり、私の真上にオチン◯ンをぶら下げながら、再びアソコにむしゃぶりついてきました。

もちろん私だって負けていません。下から彼のモノの先端に喰らいつくと、さっき

よりもさらに激しく濃厚にしゃぶり、吸いたて舐め回して、その淫靡な味わいをむさぼり尽くそうとしました。

「あう……くぅ……みゆきさん、僕、もうそろそろ限界みたいだ……みゆきさんの熱い肉壺の中にチ○ポ、入れたいよお……」

いよいよMさんが感極まったようにせつなげな声を漏らし、それは私とて同感……敏感に昂りまくった性感はもう今にも炸裂せんばかりで、太くて固い肉棒の挿入を熱望していました。

「ああ、私も……私もMさんのオチン○ンが欲しいっ！　お願いっ、バックから思いっきり深く突っ込んでえっ！」

いまや私は己の欲望を前面に押し出し、恥も外聞もなくホンネで求めていました。

「おう、突っ込んでやるとも！　おまえのカラダが壊れんばかりに激しく、めちゃくちゃにしてやるぞっ！」

私はMさんが『おまえ』と呼んでくれたことにゾクゾクするような興奮を覚えながら四つん這いになってお尻を突き出し、挿入を促しました。

がっしりと両の尻肉が摑まれる強烈な圧力を感じたかと思うと、次の瞬間、蕩けた肉壺をえぐり掘られる、えも言われぬ甘美な衝撃がアソコを貫いて……！

「んあっ、ああっ……あひっ、ひっ……あああ～～～～～っ！」

自分でもびっくりするような大音声をあげながら、私はヨガリまくってしまっていました。

「はぁ、はぁ、はぁ……みゆき、みゆき、みゆき……ああ、ニュルニュルと熱くからみついて……最高のオマ〇コだぁ！」

がぜん、Mさんのバックからのピストンは速く激しく深くなって……。

「ああっ、だ、だめっ……イッ、イク……イクのぉぉぉ～～～～！」

「くうっ……んっ、うぐっ！」

私とMさんは、ほぼ二人同時に最高のクライマックスを迎えていました。

Mさんとのセックスがこんなにいいものだったなんて……夫のリモート勤務体制が続く限り、このダブル不倫のセフレ関係、ますます深みにはまってしまいそうな気がします。

■私は頬張りきれないほどの勃起ペニスを必死になって舐めしゃぶり、吸いたて……

夜の町で男狩り快感ライフを楽しむ淫乱な私

投稿者　三木かえで（仮名）／26歳／OL

同じ会社の四つ年上の彼とつきあってるんだけど、最近、社運を賭けた（ドラマに出てくるみたいな大げさな言い回しだけど、本当にあるのね！）プロジェクトのメンバーに選ばれたとかで、めちゃくちゃ忙しくなっちゃって、毎日深夜まで残業、ほぼ土日も返上で働いてるものだから、時間がなくて全然デートもできやしない。おかげで溜まりに溜まった私の欲求不満は限界寸前！

あ〜ん、もうおかしくなっちゃうよ〜っ！

ということで、五〜六年ぶりに街で男狩りしてやろうと。

私、今どき珍しいかもしれないけど、SNSとか出会い系サイトとかっていうネットを利用するのがどうにも好きになれなくて、自分でもそういうの、全然やってないのね。うん、友達や同僚からも、すげー変わってるねーって言われる。ほっとけっつーの（笑）。

で、この前の金曜の夜に、ヤル気満々で街へ繰り出しました！

いくつかの店を見て回った末に入ったのは、私みたいな少しオトナの客層を狙ったような、ちょっと落ち着いた雰囲気のあるクラブで、うん、ここなら色気のある、いいオトコと出会えるかなって思って。

ＢＡＲカウンターであまり強くないカクテルを頼んでちびちび舐めながら、皆がミディアムテンポな曲で雰囲気よく踊っている様子を眺めてると、次々と三、四人の男が声をかけてきたんだけど、残念ながらどれも今イチってかんじで。

う〜ん、みんな悪くないけど、エッチしたいって気にはなんないなー。

なんて思いながらやりすごして。

でも、いよいよ来ました！

ズクズクと私の股間を疼かせる、濃厚フェロモン満点のイケてる相手が！

歳は私より二つ三つ上くらいで、うちのカレシと似たようなものなんだけど、がっしりしたガタイと、ちょっとイタリア人みたいな濃いめの顔だち、そしてかなり上質そうな服装に身を包んだそのたたずまいは、ザ・典型的な日本のサラリーマンってかんじのカレシとは大違いで、即座にやる気スイッチ（笑）が入っちゃった！

「お、ちょうどチークタイムだね。いっしょに踊ってくれる？」

「うん、いいわよ」

私たちは、ひしめき合うたくさんの男女のお客の中へと、手を取り合って入っていって。お互いの肩と腰に手を回して、流れるムーディーな曲に合わせて体をゆらゆらと揺らしていった。

と、およそ二十センチくらい身長差のある彼が、踊りながら身をかがめて唇を重ね、いきなり舌を滑り込ませてきた。もちろん私も望むところで、自分のほうからそれに応えて舌をからませてく。そこかしこで聞こえる人声と響き渡る音楽で実際にはそんなこともないだろうけど、二人の舌がからみ合い、お互いの唾液を啜り合うクチュクチュ、ジュルジュルっていう音が周りに聞こえちゃうんじゃないかと思うと、恥ずかしく感じると同時に、なんだかもうすごい興奮しちゃって……私は自分から彼の体に股間をこすりつけていっちゃってた。

すると、すでに彼のほうの股間の昂りももう相当なもので、熱く硬い塊が発するオスの荒々しいエナジーに、スーツの下の私のカラダはトロトロに蕩けて……完全にメスの欲望に火がついちゃったかんじ。私はさらに胸を押しつけ、股間をグリグリと食い込ませていき、「あっ、あふ、んふぅ……」と、たまらず喘ぎ声をこぼして。

「はい、そこまで。ここでそれ以上やると、外につまみ出されちゃうよ？　あとは場所を変えてじっくり、たっぷり……ね？」

私は彼にそう諭され、ハッと思わず我に返ったかんじ。まったく、どうしようもないインラン女ですね～？（笑）

それからすぐに店を出た私たちは、そこから歩いて五分ほどのところにあるホテルへと向かい、その一室にチェックインした。

少し汗もかいたしシャワーを浴びよう、と言う彼に対し私は、

「そんなのいい、すぐに抱いて……もうガマンできないの！」

と言い、自分から身を預けるようにして彼をベッドに押し倒し、その上に馬乗りになって自ら服を脱ぎ始めた。彼もそれを下から仰ぎ見ながら、自分のシャツのボタンを外していく。

私がブラを外してナマ乳を露わにすると、彼はそれを下から捧げ持つように大きな手のひらで覆い、ゆっくりと揉み上げてきた。

「あっ、はぁ、あ……ああ……」

「う～ん、たっぷり重量感があるけど、マシュマロみたいに柔らかい……とっても揉み心地のいいオッパイだよ。すてきだ……」

私は彼の甘い声音にもてあそばれるように昂り、乳房への愛撫の快感に悶え喘ぎ

……たまらず腰をクネクネとうごめかせてしまう。

「あ、ああ……そんなふうにされると、僕も……たまんないよ……」薄いパンティ生地を突き破らんばかりの勢いでさらに膨張し、グイグイと押し上げてきて……。

「あん、ああっ……もうダメ、ガマンできない！　この硬くて大きなオチ○ポ欲しいのっ！　ねえ、早くちょうだいっ！」

私はいったん彼の上から降りると、むしり取るように自分で残りの服を脱ぎ、同じように全裸になった彼のたくましい肉体にむしゃぶりついていった。決して小さくはない私の口だけど、それじゃ頬張りきれないほどの勃起ペニスを必死になって舐めしゃぶり、吸いたて味わって……。

お返しに私のオマ○コも舐めようとする彼を制して私は言った。

「そんなのいいの！　もう十分ドロドロだから……オチ○ポ、早く！　奥の奥まで私のオマ○コにちょうだいっ！」

いやほんと、我ながらどうしようもなく盛りのついたメス犬だわ（笑）。

しかも、

「ナマで！　ナマで入れて！　今日は大丈夫な日だから……おねがい！」

なんて言われて、彼も一瞬とまどったみたいだけど、

「オーケー。ぶっといチ○ポ、ナマで突っ込んじゃうよ」

って応えてくれて。

仰向けになった私の上に覆いかぶさると、彼はズブズブと挿入してくれて、私はそのゴムなしのくっきりとしたペニスの輪郭が授けてくれる快感に、我を忘れてヨがりまくっちゃった。

「ああ、あふ、あひぃ……んあっ、はぁ、あああ……ああ、いい〜〜〜〜」

そして、どんどん速く激しくなる彼の腰遣いに翻弄されるままに昇り詰めていって……最後の瞬間、彼の爆発を胎内で感じてた。

そうしてとりあえず、溜まりに溜まった一番濃ゆい欲求不満を解消したあとは、しばらくじっくり、たっぷり、シックスナインでお互いに舐め合ったりして楽しんで……最後にまた本番してフィニッシュ！

あ〜、ほんとキモチよかった。

当分この男狩りエッチライフが続きそうだけど、それもまあいいかもね。

カレシ、あんたが悪いんだからね！（笑）

■私と今日子は大山くんのペニスとタマタマを二人で奪い合うようにして愛撫し……

最高の3Pカイカンに酔った同窓会の一夜

投稿者　本村架純（仮名）／28歳／専業主婦

その日は、卒業後初めて催された中学のときの同窓会で、私は高一のときに父親の仕事の関係で他県に引っ越してしまったので、当時のほとんどのクラスメイトたちとは丸々十三年ぶりの再会でした。

「わあっ、今日子ぉっ！　久しぶりぃ！」

「やあん、架純ぃっ！　会いたかったよぉっ！」

中でも大の親友だった今日子との再会は、それはもう心浮き立つものでした。

私たちは他の元クラスメイトたちとの会話もそこそこに、ホテルの中規模の宴会場を借りた同窓会会場の片隅のテーブルに二人きりで陣取って、十三年前のいろいろな思い出話に花を咲かせ、大いに盛り上がりました。

特に盛り上がったのは、当時、二人して同時に好きになってしまった男子のクラスメイト、大山くんの話題でした。大山くんは顔も頭もよかった上にサッカー部のエースで、私たちの他にもたくさんの女生徒が憧れていたと思います。

「ほんと、大山くん、かっこよかったよね～。でも、私も架純も超シャイで、結局二人とも告れなかったんだよね……聞いたところだと、大山くんはその後T大に合格して、卒業後は〇〇省に入ったって。さすがエリート街道まっしぐら！　私らのどっちかツバつけとけば、今頃官僚夫人だったかもよ？」

「あはは、ムリムリ、大山くん、私らのことなんてアウト・オブ・眼中だって！……ところで今日は彼、来てるの？」

「ええと、残念ながら多忙すぎて来れなさそうって、幹事の留美が言ってたけど……あ、あれっ⁉　ちょっと、あそこにいるの……大山くんじゃない？」

「ええっ、マジ⁉　……あ、ほんとだ！　あれ大山くんだよ！」

聞くと、公務の関係で当初は欠席予定だったのが、急に都合がついて慌てて駆けつけたということでした。遠目にもその風貌は、元々のイケメンっぷりに、国を背負っているという責任と自信のようなものが加味されたゆえか、ますます魅力的になっているように思えました。

私と今日子はすぐにでも彼と話したかったけど、なんといってもクラス一の出世頭です。大山くんはあっという間に皆に取り囲まれてしまい、私たちには取りつく島もありません。二人で顔を見合わせて苦笑するばかりでした。

でも、思いのほか、チャンスは早くやってきました。

なんと彼のほうから、私たちのところにやってきてくれたのです。

「やあ、○×さんに△○さん、ほんと久しぶりだね。会えて嬉しいよ。あ、でも今は結婚して二人とも違う苗字かな？」

「まあね。でも、下の名前はもちろん当時と同じよ。私は今日子で、こっちは架純。そう呼んでもらっていいわよ」

「ほんと？　今日子ちゃんと架純ちゃん、あらためてどうぞよろしく。で、僕の記憶が確かなら、二人とも僕のこと、好きだったんじゃなかったっけ？」

彼のいきなりの思わぬ発言に、私も今日子もびっくりしてしまいました。

「えっ……な、なんでそのこと……？」

「ああ、当時、牧野知美さんから聞いたよ。きみら二人とも僕にぞっこんだって」

あいつ、そんなことバラしてたなんて……私と今日子は顔を見合わせて、当時の悪友のことを苦々しく思い出しました。ちなみに今日は欠席しています。

「それにしても、いくら昔のこととはいえ嬉しいなあ。こんな綺麗な女性二人に想われていたなんて。ひょっとしてそれって……今も有効だったりするのかな？」

まるでナイショ話でもするように、大山くんが囁くように言い、私は思わずドキンとしてしまいました。見ると、今日子のほうも同じ反応なのがわかりました。そしてその瞬間、私たち三人の間を無言の共通の空気が支配したような気がしました。大山くんの目が、今日子の目が、そして私の目が……妖しく光り、視線をからませ合い……おもむろに大山くんが席を立って言いました。

「このあと二次会はパスして、三人だけでこっそり飲みに行かない？」

もちろん、私と今日子は二つ返事でオーケーし、夜の闇にまぎれるように三人で街中へ繰り出し、スナックで軽く飲んだあと、もちろんホテルへ向かいました。

念のために言っておきますが、私も今日子も、結婚してからこのかた、一度も不倫などしたことはありません。貞淑な妻としてそれぞれの夫に尽くしてきたという自負があります。でも、この夜だけは特別……二人、いや三人ともが十三年前にタイムスリップし、成しえなかった青春の甘酸っぱい想いを自分のものにしようとでもするように、ある意味とてもピュアな気持ちのもと、なんの抵抗もなく行動を共にしてしまったのです。

ホテルの部屋に入ると、私たちは三人一緒にバスルームに向かい、皆で体を洗い合いました。大山くんは公務が忙しすぎてあまり運動する機会もないのでしょう、当時の鍛え抜かれた体躯とはちがい、ほんのりと脂ののったソフト体型になっていましたが、それは私と今日子だって同じ……お互いに子供を産み、ちょっぴりぜい肉がついた姿でしたが、それらも含めてお互いのことが愛おしく、ボディシャンプーの泡にまみれながら、からみ合い、まさぐり合い、蕩け合って……私と今日子は大山くんのペニスとタマタマを二人で奪い合うようにして揉みくちゃに愛撫し、アナルにも指を滑り込ませてヌルヌルとえぐりほじくりました。

「んあっ……ああ、二人とも、かんじるよ……」

そう喘ぎながら大山くんも、左手を私の乳房に、右手を今日子の乳房に伸ばして、撫で回し、揉みしだいてきました。

「あっ、あ、ああ……あふぅ……」

「ああん……き、きもちいい～～……」

もう大山くんのペニスはビンビンに勃起して、そのたくましい肉竿をびくん、びくんと大きく脈打たせています。

「ああん、大山くんのコレ、舐めたくてたまんない～～」

「ああ、あたしも……ねえ、いっぱいしゃぶらせて～～」

私と今日子の淫らなおねだりに応え、大山くんはシャワーのお湯を出して三人皆の体の泡をきれいに流し去ると、私たちは濡れた裸身のままお互いにもつれ合うようにしてバスルームを出て、ベッドへと向かいました。そしてそのままどっと一塊になって倒れ込んで。

　仰向けになった大山くんの体に私と今日子はむしゃぶりつきました。そしてペニスの亀頭を、竿を、玉袋を……左右から挟み込み、舐め上げ、吸いたて、咥え合って……飢えたメス豚のようにむさぼったのです。

「んああ、あっ……そ、そんなにされたら僕もう……うう……ああっ！」

　私と今日子が摑み持ったペニスが眼前で炸裂し、すごい勢いでザーメンが噴き出しました。二人とも思わず、我先にそれを舐め飲み下してしまいました。

「ああ、サ、サイコー……チョー気持ちよかったよ。よし、今度は僕が二人を可愛がってあげるからね」

　大山くんはそう言うと、少しのインターバルをおいたあと、今度は私と今日子への愛撫行為にとりかかりました。

　私たち二人を並べ横たわらせ、交互にアソコを舐め啜ってきて……。

「ああん、あっ……いいっ、んあっ、大山くぅん……」

「いい、いいのぉ……あひっ、あはっ……」

見る見る二つのオマ〇コはドロドロに蕩け、溢れ出した大量の淫液でベッドのシーツはグチャグチャに濡れていきました。

「もうダメ！　ガマンできない……入れてぇっ！」

「はあ、はあ、はあ……おねがい、きてきて～～～～っ！」

私たちの懇願に応えて、大山くんは交互に二つの女体に挿入してきました。さすが、体形は多少緩んだものの、その体力はまだまだ健在で、エネルギッシュに快感を注ぎ込んできます。

「ああっ、イクイク……んあああ～～～～～～っ！」

「あひぃぃぃ……イッ、イッちゃう～～～～～！」

「くおおおっ……ぼ、僕もまた……あ、ああっ！」

大山くんが二発目を発射すると同時に、私と今日子も達していました。

十三年前に置き忘れてきた大切な想いを取り戻したような、とても素晴らしく、そして最高の快感に満ちたすばらしい一夜となったのです。

■毒蛇のように凶暴に鎌首をもたげた巨根が、あたしの肉裂を穿って突き入れられ……■

待望のレイプ快感の神髄を味わった最高の夜

投稿者　立浪優奈（仮名）／25歳／フィットネス・インストラクター

大きな声では言えないけど、あたし、昔っからレイプされたい願望があるんです。目覚めた最初のきっかけは、母が読んでたレディースコミックだったかなあ。

今からもう二十年ぐらい前、母が買ってきて読んだあと、部屋の隅に無造作に放り出されていたその雑誌を、「あ、マンガだー」ってウキウキしながら隠れて中身を見たはいいものの、それがとんでもなく激しいエロ描写の官能劇画で、どえらいショックを受けちゃったんです。

それは、ひとりの人妻らしき女性が夜道を歩いているとき、突然現れた暴漢に襲われレイプされるというもので、彼女も最初は「いや、いや、やめて！」って言って抵抗するんだけど、無理やり犯されているうちにその被虐の快感に目覚めてイッてしまい、以来そのときのことが忘れられず普通のセックスでは感じることができなくなり、夜な夜なまた誰かに襲われることを期待して、自分から夜道をさまようようになっちゃうんです。

いやもう、その激しい描写のあれこれが脳裏にこびりついて離れなくて、その日の夜、あたしはベッドに入っても眠れず、体の奥底から湧き上がってくるどうにも言いようのない熱い昂りに抗えなくて、まだ毛も生えていないツルツルのアソコをいじくってしまったという……なんと五歳にして人生初オナニー体験でした。

これを皮切りに、その後ものごころついてからも、オナニーのオカズはレイプもののコミックや小説、ＡＶばっかり……つきあったカレシとエッチするときも、「ねえ、お願いだからレイプするみたいに、無理やり激しく犯して」って懇願したりして。

でも、しょせん、ニセモノはダメなんですよね。

コミックも小説も作り物だし、カレシとのエッチだってあくまで気分だけのプレイにすぎないし。当然、ホンモノの緊張感なんてありゃしない。

ひょっとしたら、まだマンガの中の話と現実との区別がついていない五歳のあの日、熱々の本能的衝撃に促されるままに自らいじくってしまった快感と興奮を超えるものはないんじゃないかな……そう思ってしまうくらい。

そんなわけで、あのマンガの中の主人公じゃないけど、あたしもいつしか『レイプされたい願望』を胸に秘めながら、わざとひとけのない夜道やヤバげな場所をうろつくようになっちゃったんです。

そりゃカラダには自信がありますよお。なにせ仕事がフィットネス・インストラクターですから、ムダなぜい肉はいっさいナシ。筋肉質にならないギリギリのところでバストラインを美しく豊かに整え、ウエストのくびれもヒップの張りもばっちり！

さあ、このおいしそうなカラダ、いつでも犯してよ！

っていう気迫（？）満々、かつヘソ出しのピチピチウェアに超ミニスカートっていう、明らかに露出過多な格好で、ムラムラしながら徘徊して……なのに、皮肉なことに、これがなかなか襲ってくれる獲物がかからないんですよねえ（あ、ほんとの獲物はあたしのほうか。笑）。

でも、とうとう、つい一ヶ月ほど前、待望のレイプ体験をすることに成功したんです！　やったー！

それはまだ残暑の名残のある、むし暑い夜十一時頃のことでした。

あたしは例のフェロモン&露出ぷんぷんの格好で、家の近所の河原の土手道を歩いてたんです。小さなバッグを肩にかけ、いかにも仕事で帰りが遅くなって仕方なく、近道であるウラ淋しい土手道を急いでます、っていう体で。

と、背後からザッ、ザッ、ザッっていう、走る足音が近づいてきて、一瞬ドキッ。

でも、夜中のジョギング愛好家なんていくらでもいるから、まあ、どうせこれもそうでしょ、と高をくくって追い越しをやりすごそう……と、したときのことでした。

あたしはその足音の主にいきなり背後から抱きすくめられると、そのまま軽々と抱え上げられて……相手はそのまま土手の坂を河原へと駆け下っていったんです。もちろん、その間にあたしの口には声をあげることを封じるためのハンカチのようなものが突っ込まれていました。

そんな心配無用なのに（笑）。

ま、仕方ないか。あたしのほうも一応その体を整えないと、あくまで『本気のレイプ』にはなりませんものね。

下に着くと、相手はあたしを草むらに押し倒し、その上に乗っかってきました。

さっき抱え上げられたときにある程度はわかりましたが、やはりこうしてもろに重圧をかけられると、そのいかついガタイのよさがよくわかります。

これこれ！　逆らいようのないたくましい筋肉を持つ相手に有無を言わさず組み敷かれ、圧倒的な力で犯される！　これぞ理想的レイプ・シチュエーションでしょう！

「はぁはぁはぁ……ねえちゃん、よくこの道通ってるの見かけるけど、マジいいカラダしてんなあ……たまんねえよ！」

反対側の土手下沿いに走る道路脇に立っている街灯のおかげで、うっすらと顔は見えるものの、その声の張りでようやく相手が三十くらいの男性であることの見当がつけられました。うふふ、この若さなら、思いっきりパワフルにレイプしてくれそう。

わたしがそう期待に胸を膨らませていると、服が乱暴にむしり取られて、剝き出しになったその胸肉……もといナマ乳が、力強い手で鷲摑まれ、グニグニ、ムギュムギュと揉みしだかれ、同時にチュウチュウと乳首を吸われました。

それはもうたまらない力感と圧迫感！

この容赦のない乱暴さこそレイプの醍醐味です！

「……んんっ、んぐぅ……んっ、んっ、んっぅぅ……」

「じゅぶっ、ちゅぱっ、ぬぶ……ああ、適度に汗かいて、そのしょっぱさがまた美味ぇっ！　揉み応えもいいし、最高のオッパイだぜ！」

ああん、そんなすてきなこと言ってくれちゃってぇっ！

サイコーにゾクゾク感じちゃうじゃないのおっ！

あ、いかん、いかん！

ここで手綱引き締めてちゃんと『やられてる感』出さないと、へたにいい反応して和姦っぽくなっちゃうと、向こうも気が抜けて醍醐味半減だわ！

「んんんんん〜〜っ！　んっ、んんっ！　んぐ、ぐうぅっ！」

私はあえて抵抗し、けっこう強めに相手の脇腹を膝で蹴ってやりました。もちろん、その分厚い筋肉のヨロイでほとんど効きやしないのは計算の上です。

「おおっ⁉　このクソあまがぁっ！　ふざけた真似しやがってえっ！　そんなの痛くもかゆくもねえんだよ！」

案の定、相手はそう言ってうそぶくと、上体を起こして私のお腹の上あたりで馬乗りになると、バッと上半身裸になりそのたくましい肉体をさらけ出しました。そしてすごい乱暴に私の下半身も裸に剝いてしまうと、いよいよ自分もハーフパンツを脱ぎ捨てました。がっしりした太腿と共に黒々と勃起した肉棒が露わになります。

ううっ……す、すごい巨根！　あたしの、裂けちゃわないかなあ？

あたしは一瞬不安にとらわれましたが、そんな気持ちもすぐに昂る興奮にとって代わられました。毒蛇のように凶暴に鎌首をもたげた巨根が、あたしの肉裂を穿って強引に突き入れられてきたんです。

「……っ、んぐふ、ふう、んぐぅぅ〜〜〜〜〜〜〜〜っ！」

「おおう、すげえ！　ヌルヌルからみつくぅ〜〜〜っ！　こりゃたまらねえオマ◯コだあ！　いいぞいいぞ、もっともっと犯しまくってやる！」

凶悪な欲望を剥き出しにした相手は際限なく乱暴度を増し、あたしのカラダが壊れんばかりの勢いで激しく腰を打ちつけ、肉塊を打ち込んできました。

「んひっ、ひっ、んぐっ……ううう、んぐぅっ……！」

「あああ～～～～っ、いいぜ、くそっ！　ほんとたまんねっ！　もう限界っ！　覚悟しろよ、たっぷり中出ししてやるからなっ……おらおらおら～～～～っ！」

相手の腰の掘削具合がとんでもなく速く激しくなり、あたしは奥の奥まで強烈にえぐり犯されて……最後にすごい官能の高波がやってきました。

「……んん、んあぁっ……あああ～～～～～～～～っ！」

あたしはとんでもない量の精液を胎内に吐き出され、そのあまりにもエグイ気持ちよさに、ビクビクと背をのけ反らせて絶頂に達し、なんと失神してしまったんです。

その日はあたしのサイクル的には安全日なので、まさか妊娠するようなことはないと思いますが、いやはや、最高のレイプ快感が味わえた夜でした。

う～ん、こりゃクセになっちゃいそうだなあ。

あたしって、ちょっとヤバイですか？

■私は大好きなカレのチン○ンを掴み、口からタラ～ッと唾液を垂らして湿らせて……

入院してきた浮気性の彼氏のベッドで腰を振る私！

投稿者　美里はるか（仮名）／30歳／看護師

私、マサキっていう同い歳のカレがいるんだけど、これがまたどーしよーもないヤリちんの浮気男なのよね～。ついこの間も、私の仲のいい女友達のツバサとの浮気が発覚して、さすがの私ももうブチギレ！　あんたなんかもう捨ててやるってタンカ切って連絡を絶ったんだけど、正直いうと、すぐに私のほうから彼に会いたくなっちゃって……だって、マサキのエッチってば、まじスゴイんだもん。チン○ンはでかいし、テクはあるし、タフだし……。

いやいや、いかんいかん！

ここで私のほうから許しちゃったりしたら、今後のためにも示しがつかない！　と、ズキズキムラムラ疼くアソコを抑えつけて、ガマンしてたわけ。

ところが、そんな私の苦労をあざ笑うかのような出来事が！

なんと、マサキがバイクで事故って利き腕の右腕を骨折、私が勤める病院の外科に入院してきたの！　え、バチが当たったたって？　うん、いやまあそれは確かにそうかもしれないけど、たまったもんじゃないのは私のほうよね。

マサキとのエッチを欲しがって疼きまくるどーしよーもないカラダを、日々なんとかガマンして抑えつけてるってゆーのに、そのヤツがすぐそこの病室のベッドの上にいるんだよ⁉　いや、やっぱそれってマズイでしょー！

とにかく、マサキの入院期間はだいたい標準どおりの二週間くらいということで、私としては、『よし、なんとしても二週間、マサキの病室に近づいたりしないよう、ガマンするのよ！　がんばれ、自分！』ってかんじかしら。

そして一日が過ぎ、三日が過ぎ、一週間が過ぎ、十日が過ぎ……マサキの回復具合も順調らしく、とうとう一日、二日後にはめでたく退院ということに。

よし、自分は内科の看護師で管轄は違うとはいえ、同じ病院内にヤツがいるというのに、よく耐えたぞ、私！　そりゃたしかに、どうにも辛抱できないときは、たまらずトイレでオナって淫乱な飢えをしのぎ、渇きを癒したりもしたけど、ともあれ、あと少しで、すぐ近くにいるのにエッチをガマンしなきゃならないという生殺し状態からはようやく解放されるのよ！

ということで、私、よせばいいのに、最後にちらっと顔だけでもと、当直の夜勤の休憩時間にヤツの病室まで様子を見に行っちゃったのよね。で、これがまんまと『飛んで火にいる夏の虫』ということに……とほほ……。

あ、言い忘れたけど、マサキってけっこう金持ちのいいとこの子なもんで、病室は特別仕様の豪華で広い個室。私は廊下の突き当たりにあるそこへ向かい、そーっとドアを開けて中を窺ったのね。

そしたらなんと！

まだ起きてたマサキと、ばっちり目が合っちゃったの！

しかも奴ったら、ベッドの上であぐらをかき、下半身丸出し状態で自分のアレを掴んでしごいてたもんだから、私もびっくりよ！　もちろん、折れてないほうの利き腕じゃない左腕でだから、今いちぎこちないかんじだったけど。

とにかく、ヤツはヤツなりに禁欲生活を強いられ、なかなかいっぱいいっぱいの状態だったらしいということね。

「おおっ、誰かと思ったら、はるかじゃん！　せっかく俺が入院してるっていうのに、おまえってば全然顔見せてくれないから、けっこう落ち込んでたんだぜ？」

とかぬかすもんだから、

「あんたってば自分の胸に手を当てて聞いてから、ものを言いなさいって話よね！

どのツラ下げて私の前に顔出せるわけ⁉」

って逆ギレ気味に言ったら、ヤツの物言いときたら、

「まーまー、過ぎ去った過去のことはこの際忘れてさ、ここはひとつお互いにギブ&テイクといこうじゃないの。ご覧のとおり、俺は溜まりに溜まったチンコしごこうにも、あいにく利き腕が思うように動かない。で、一方のおまえのほうは、俺のデカチンが恋しいあまり夜這いかけたりしちゃってる……こりゃもう、二人仲良くがっつりヤルっきゃないっていう話なんじゃないの？」

「ちょっ、夜這いって……人聞きの悪い…私はそんなつもりは……」

……ここはやっぱ、そんなつもりなかったって言ったらウソになっちゃうのかな、深層意識的には（笑）？

とまあ、ほんの一瞬、そんなかんじで押し問答したんだけど、結局、すぐに元サヤに収まって、私ったら自分からマサキのベッドの上に上がっちゃった。

「も～っ、マサキったら、今度ツバサとやったりしたら、ほんと、チン〇ン、ちょんぎっちゃうんだから～」

そう言いつつ、その大好きなチン〇ンを摑み、口からタラ～ッと唾液を垂らして湿らせ、ニュルニュル、ジュクジュクといやらしい音をさせながら亀頭のくびれを中心

にねじりしごきたてる私。

「おお～っ、いいぜぇ、はるかぁ……さすが俺の感じどころをよ～くわかってらっしゃる……やっぱ俺にはおまえだけだぜ～っ……くぅぅっ」

「……もう～っ、調子いいんだからぁっ！」

例によって調子のいいマサキの物言いにモノ申しつつ、私のほうもまんざらじゃない。そのまま顔を下げてぱっくりと亀頭を咥え込むと、いつもの甘苦いカウパー液の味わいを楽しみつつねぶり回し、太い竿部分を舐め上げ、舐め下げ、時折玉袋も口に含んでクチュクチュと転がしながら、思う存分責めたてた。

「はぁっ……ああ、あ、ううっ……いい、いいぜ、はるかぁ……」

すると、マサキは気持ちよく喘ぎながら、私の看護師の白衣のボタンを外し、開いた胸元に左手を這い込ませ、上にずらし上げたブラの隙間からコリコリと乳首をいじくってきた。強く、弱く、激しく、甘く……。

「んあっ、あ、ああん……いいわ、マサキ～……」

「はぁ、はぁ……今の状態じゃ自分の指で確かめられないけど、はるか、どうせもうオマ〇コのほうもドロドロのグチャグチャだろ？　なあ、自分から俺の上に乗っかって、オマ〇コでチン〇ン、咥え込んでくれよ～っ」

もちろん！

私はこれっぽっちの躊躇もなく下半身丸出しになって、お察しどおり濡れまくったお股を開いてマサキのチン○ンの上にかざすと、腰を沈めてズブズブと呑み込んでいった。う～ん、大きく固く張り詰めた亀頭のゴツイ感触がキモチいい～～！

「あん、はあ、は、ああ……んん、ふぅ……」

「ああ、はるかぁ、いいぜぇ……相変わらずいい締まりだ……くうぅ！」

私が勢いよく腰を上下動させてやると、さすがに溜まってるだけあって、マサキはあっという間に昇り詰めてきて……、

「あっ……はるかっ、で、出るぅ……んんっ！」

「ああ、あたしも……あたしもイクわっ……くぅっ！」

合体してものの五分も経たずに、私たち二人とも達しちゃった。

ああ、早くマサキが完全回復して、万全の状態でヤリまくれる日が楽しみだわ！

以上、懲りない淫乱ナースの告白でした！（笑）

■昂る淫乱テンションのままに私史上最高の激しさで大山さんのペニスをしゃぶり……

生理前の欲情オナニーから禁断のオフィスHへ!

投稿者　牧村藍子（仮名）／35歳／派遣社員

私、昔から生理が近づくと、気分がムラムラしてアソコが疼いて……いわゆる盛りがついた状態になっちゃって、もうどうしようもないんです。タイミングよくそのとき彼氏やセフレがいればいいんですが、間が悪くいないときは、一人住まいのマンションの自室で愛用のオモチャを使ってオナニーに耽りまくっちゃう始末で……まあ、それはそれで嫌いじゃないんですけどね。

でも、つい先月、そのサイクルが来たときは大変でした。

今はおかげさまでセフレがいて相手に不自由してはいませんが、そのときはちょうどフリーだったもので、性欲を解消するには自分自身でオナニーするしかありません。

しかも、いつもにも増してその欲求の衝動がものすごくって……!

(うう〜〜っ、ど、どうしよう……こんなに激しく疼いちゃ、こりゃ家に帰るまでガマンするなんてできないよ〜〜……)

てな状態になってしまい、私は思わず……。

時刻は夜の九時を回っていて、他の社員の皆はとっくに帰ってしまっていて、オフィスには私一人しか残っていませんでした。そこで私はつい魔がさしてしまったんです。そう……今ならこのオフィスでオナニーしても誰にもばれない……そう思い立ったや否や、私は自分のデスクの椅子の上に両脚を持ち上げ左右に大きく広げると、その真ん中の股間部分にボールペンのお尻の部分を当てていじくりだしていました。パンティとストッキング越しにグリグリとオマ○コのワレメをえぐると、絶妙の刺激が性感を震わし、私はゾクゾクと感じてしまいました。

本当ならせめてトイレへでも行ってやったほうがよかったんでしょうが、このオフィスはオフィスで、夜の暗い窓ガラスに映った自分の痴態を見ながらオナるっていうのも、なかなか淫らで味わい深いものがありました。

「ああん、あ、ああ～ん……」

気分はどんどんエスカレート、次第にペンを押し込む私の力は強くなり、エクスタシーは見る見る高まっていきました。

(ああ……イク……イキそう……ううっ！)

そしてまさにオーガズムの一瞬が訪れようとしたそのとき、とんでもないことが起こりました。

なんとオフィスのドアがいきなり開いて、主任の大山さんが入ってきたんです。

「……えっ……ええっ⁉　牧村さん、い、いったい何をっ……？」

まさに頭の中が真っ白になるというのは、このときのことをいうのでしょう。

私はなんの言葉も返せず、ただ自分の股間にボールペンを押し当てた格好のまま固まってしまい、口をパクパクさせながら大山さんのほうを見返すだけでした。

すると、最初は驚愕のあまり目を白黒させていた大山さんの表情に、次第に変化が表れてきました。硬さが緩んだかと思うと、代わりにえも言われぬ歪んだ笑みが浮かんできて……ついには邪悪さすら感じさせる面差しで言いました。

「そうか、いったい何をもクソもないよな。仕事をする場であるオフィスでこんなはしたない真似するなんて、それだけ欲求不満が溜まってどうしようもない……つまりは男が欲しくって気が狂っちゃいそう！　……と、そういうことだよな？」

「……い、いえ……あ、あの……その……」

私はしどろもどろになりながら、なんとか言い訳し、その場を取り繕おうとしましたが、ある意味図星をつかれていることもあり、何も言い返せません。

「うん、そうか、そうか……そりゃかわいそうになあ……」

そんな私に向かって、大山さんは何やら一人で納得したようにしゃべりながら近づいてきて、とうとう私のすぐ目の前に立ちはだかりました。

そして、

「仕方ない……そんなスケベでかわいそうな牧村さんのために、僕が一肌脱いであげるよ。ほら、しゃぶって。これが欲しくてしょうがないんだろ？　ん？」

と言いながら、カチャカチャとベルトを外してスーツのズボンを足首まで下ろすと、下着のトランクスを膝の辺りまで下げて、剝き出しになった性器を私の顔に近づけてきたんです。

「えっ、い、いえ、そ、その……あの……」

「遠慮しなくていいんだよ。ほら、そんな無粋なボールペンなんて放して、パンツの中に手ぇ突っ込んで直接オマ○コいじくっていいから、ね！　ほらほら、僕のも牧村さんのエッチな格好見て、だんだん大きくなってきちゃったよ」

そう言いながら、ますますずいっと顔面に迫ってくる大山さんのペニス……ああ、これはもう私に選択肢なんてあるわけないな……そう悟った私は、もう覚悟を決めるしかありませんでした。

大山さんのペニスを手にとり口に咥えると、彼に言われたとおりパンストの中に手を差し入れて直接オマ○コを指でいじくりながら、チュパチュパとフェラチオを始めたんです。

「……んっ、おう……ああ、いいよ……フェラ、上手じゃないか、牧村さん。ねっとりからみつく舌の動きがなんともいえない……ああ……」

大山さんは荒い息遣いでそう言いながら、手を伸ばして私のブラウスのボタンを外し胸をはだけると、ブラをぐいっとずらし上げて乳首を露わにさせました。そして両手の指で左右の乳首をコリコリともてあそんできたんです。

「……んあっ、ぐぅ、んふっ……んぐ、ふぅぅ……」

その乳首への愛撫と、自分でオマ○コをいじくる快感に身悶えしながら、必死で大山さんのペニスをしゃぶる私。恥辱の強制行為だというのに……いや、むしろそれだからこそなのか、私はかつてない興奮を覚えていました。昂る一方の淫乱テンションのままに、私史上最高の激しさで大山さんのペニスをしゃぶり責めたてて……。

「ううっ、くう！　ちょっと待って……出そうでヤバイ！」

大山さんは焦ったようにそう言うと、私にフェラをやめさせ、その場に立たせました。そしてデスクに両手をつかせると背後に回り、私のスカートをめくり上げ、パンストを一気に引き下ろしました。

「……あ、ああ……」

「さあ、お待ちかねのブツを入れてあげるよ。これが欲しかったんだろ?」

そう言われ、大きな手で尻肉をがっしりと摑まれた私は、その中心から少し下でヒクヒクと淫らにうごめく秘穴に、ズップリと太くて固く、そして熱い肉棒が突っ込まれる衝撃を感じました。

「あっ、あ、ああ……あ、ああ〜〜〜〜ん!」

「はぁはぁはぁ、どうだ、いいだろ? ん? ほらほら、もっと腰振って!」

「ああ、いい、いいの……あっ、イク……イク〜〜〜〜〜ッ!」

私は二度、三度と絶頂に達し、最後、腰の下あたりにドピュ、ピュッと大山さんの大量の放出を感じながら、とことん果てていました。

それ以来、ちょっと私のオトコ気取りで何かとちょっかいをかけてくる大山さんですが、最初に書いたとおり今は私は相手に不自由はしていないので、あしらうのにめんどくさい思いをしている次第です。

■私はこれまで何度も夢想してオナニーした舅のペニスの現物を摑み出し……

ずっと恋い焦がれた舅とついに淫らに結ばれた日

投稿者 北平奈津子（仮名）／26歳／専業主婦

私は悪い妻で、悪い嫁で、そして……悪い女です。

これから、その一部始終をお話ししたいと思います。

私は二年前までとある中堅規模の商社に勤めていたのですが、そこの専務から「うちの息子と見合いしてみる気はないか？」と言われ、それに従った結果、お相手の聡志さんと結婚する運びとなり先方の家に嫁ぎ、専業主婦となりました。

こう書くと、まず「よく今どき、勤め先の上司のすすめとはいえ、お見合いなんかするなあ」と思うかもしれませんが、これには特殊な理由があります。

それは、私がずっと専務のことが好きだったから。

私は幼い頃に大好きだった父を病気で亡くし、その想い忘れがたく、かなり強度のファザコンだという自覚がありましたが、大学を卒業して就職した会社の専務だった弘和さんが、まさに亡き父の面影をまとった人だったのです。その風貌といい、穏やかな性格といい、やさしい人柄といい……私は瞬時に恋に落ちてしまいました。

とはいえ、もちろん相手は当時、私の倍以上の年齢の五十歳で（現在は五十二歳）、立派な家庭持ち。いくら好きになっても、常識的に考えればその想いを遂げることなどできるはずもなく……私はひたすらその密かな懊悩を胸中に抱えつつ、日々を送っていたのです。

そんなところへ、専務自身からいきなりもたらされた見合い話。専務は会社で上司として日々接しているうちに私のことを気に入ってくれて、ぜひ息子の嫁にと考えてくれたわけで……そのとき、私の頭の中に輝かしい光明が見えたのです。

普通に考えれば自分の専務への想いなど叶うべくもないが、嫁としてその家に入り、常時すぐそばにいることができれば、そのうち機会が訪れるのではないか？

それは深く考えるまでもなく、専務の妻である姑を、自分の夫である専務の息子・聡志さんを裏切る行為であることは重々わかってはいましたが、許されぬ恋にめらめらと燃えたぎる私にとって、さして重要なことではありませんでした。

こうして私は見合いし、首尾よく聡志さんにも、そして姑にも気に入られ、それからほどなくして結婚、晴れて専務宅の嫁となったのでした。

実際に結婚生活が始まると、それは平穏ですばらしいものであると同時に、とてつもない苦痛に満ちたものでした。

姑はやさしく、経済的にも豊かな家なので衣食住は満ち足りていました。そして何より会社で接していたのとはまた違う、家族としてより近しい存在となった元専務・弘和さんはますます私に対してやさしく、思いやりがあって、彼との日々の暮らしはそれはもう心躍るものでした。

しかし一方で、当然、夫である聡志さんの求めに応じて、夫婦の夜の営みを行わないわけにはいかず……正直、愛情のかけらもない相手とのセックスなど、肉体的快感の問題ではなく、精神的にははっきりいって拷問のようでした。

だから余計に……これが心底愛する弘和さんとのセックスだったら、どんなにいいだろうかと夢想し、日々募っていくその灼熱の想いに激しく胸掻きむしるばかりだったのです。弘和さんと聡志さんが勤めに出て、姑がお稽古ごとなどで出かけて誰もいない昼間、広い家の中で、ひとり満たされぬ心身を癒すために自慰に耽り、あられもなく悶えすすり泣く私がいました。

でも、私が嫁いでから約半年後、ついに千載一遇のチャンスがやってきました。

姑と聡志さんが親族の結婚式に出席するために泊まりがけで出かけ、一晩家を空けることになったのです。弘和さんは仕事の都合でどうしても行けず、その夜は家には私と弘和さんだけ……期待と昂りのあまり、身も心も震えました。

その日がやってくるまでのあと三日間、常軌を逸した興奮のあまり、思わずまた自慰に耽って、おのが欲情を鎮めなければならなかったほどでした。

そしていよいよ当日、朝に姑と聡志さんを送り出し、それから少し遅れて弘和さんは得意先とのミーティングに出かけていきました。私は弘和さんが帰ってくる夕方までの時間を使ってさっさと日々のノルマの家事を済ませ、そのあとはお風呂に入り、隅から隅まで念入りに体を洗い、すべてを磨き上げました。最高の状態で弘和さんに愛してもらえるように。

予定より若干遅い午後七時過ぎに弘和さんは仕事から帰ってきました。

「お帰りなさい、お疲れ様でした」

「ああ、奈津子さん、ただいま」

いつもどおり弘和さんは先にお風呂に入り、汗を流してさっぱりしてから、普段着である作務衣に着替えて食卓に着きました。私はいつもより気持ち豪華めの手料理を給仕して夕食を促したのですが、意外なことが起こりました。

「どうだい、奈津子さん、たまには二人でちょっとだけビールでも飲まないか？」

と、普段ほとんどお酒を飲まない弘和さんが晩酌を求めてきたのです。

「あ、ああ……そうですね、いただきましょうか」

私はまあまあ飲めるくちであり、聡志さんも普通に飲むので、冷蔵庫の中には缶ビールが常備されていました。

「それじゃあ、お疲れ様。乾杯」

「はい、乾杯。いただきます」

私たちはお互いのグラスにビールを注ぎ合うと、カチンとグラスを合わせて口をつけました。心地よい刺激が喉を下り落ち、少し体が火照り始めました。弘和さんのほうを見ると、すでに顔にかなり赤みがさしていました。

そのリラックスしたにこやかな表情を見ながら、私の胸はがぜんときめきました。

ここまで気を許してくれる弘和さんのことが、愛しくてたまりません。

カチッ……と、私の心のスイッチが入り、アルコールによる昂りにさらに背中を押される形で、私の中の『オンナ』モードが発動したのです。

私は食卓の対面の席を立って、弘和さんの隣りの椅子に移動すると、

「さ、もう一杯。お注ぎしますわ」

と言いながら、体をすり寄せるようにしてビールを注ぎました。

「あ、ああ、すまんね、奈津子さん」

そう言う弘和さんの目が、明らかに動揺して泳いでいるのがわかりました。私はわざと胸元のざっくりと開いたワンピースを着ていて、そこからは胸の谷間が明らかに窺え、さらにその部分を弘和さんの二の腕に押しつけるようにしたのです。

「……ん、んぐ………」

注がれたビールを呷りながらも、その目はいやが上にも私の胸元に吸い寄せられてしまい……舅ではなく、『オトコ』の視線がジリジリと私の肌を灼き、ますます私の淫らな『オンナ』……いや『メス』の昂りが内側で燃え盛りました。

「お義父さん……いえ……弘和さん……」

「……えっ、ええっ？　奈津子さん、今なんて……？」

「弘和さん！　私……私ずっと、あなたのことが好きだったんです！　ずっと抱いてほしくて仕方なかったんです！」

私は一気呵成にそう言うと、がばっと弘和さんに抱き着き唇を重ね、舌を差し込んで口内でうごめかしました。弘和さんの舌を求めて……すると、しばし躊躇の時間がありましたが、ようやく彼の舌が動いてからみつき応えてくれて……いつしかお互いにジュルジュル、ヌチャヌチャと淫靡な音をたてながら舌を吸い、むさぼり合っていました。交じり合い溢れ出した二人の唾液が双方の顔を濡らします。

と、いったん弘和さんが口を離し、私の目を見つめながら言いました。

「本当に……本当にいいのかい？　私だって奈津子さんのことは憎からず思ってる。でも、仮にも義理の父娘の関係だ。決して許されることじゃない。もしものとき、一番傷つくのはあなたなんだよ？」

「はい、承知の上です。私は弘和さんに抱かれることこそ、女としての本懐なんです！　思いっきり抱いて……愛してくださいっ！」

「な、奈津子さん……！」

その刹那、弘和さんの理性のタガも外れ、完全に舅から一人の男に変貌を遂げました。そして荒々しく私のワンピースを剝がし去り、露わになった乳房にむしゃぶりついてきました。力任せに揉みしだきながら、乳首を吸いむさぼり、激しく舐め回してきます。待ちに待った快感の火花が目の前にいくつも飛び散りました。

「ああっ、あっ……んはぁっ……あうぅ……！」

「ああ、奈津子……奈津子さん、私も好きだよっ！」

「弘和さん……ああっ……！」

私のほうも無我夢中で弘和さんの作務衣をむしり取り、下着を脱がし去ると、これまで何度も夢想してオナニーしたペニスの現物を摑み出し、チュウチュウ、チュパチユパと一心不乱にしゃぶりまくりました。

ああ、徐々に固く大きくなっていく、憧れの肉棒……。

「ああっ、弘和さん！　入れてっ！　弘和さんと一つになりたいの！　私の奥の奥まで……深く突き入れてぇっ！」

「あ、ああ……奈津子さん！　いくよ……ん、んんっ！」

そうして待望の挿入は、これまで何度も夢想し肉唇を掻きむしった、どのオナニーよりも気持ちよくて、私は何度も何度もイッてしまいました。

「あっ、ああっ、弘和さん……弘和さんっ！　いいっ……あはぁっ！」

「な、奈津子さんっ！　……んあっ、はうっ……！」

最後、私は弘和さんの射精を口に出してもらい、その至高の味わいを心ゆくまで飲み干し、堪能しました。

それからこの秘密の禁断の関係は、今現在も月に一度ほどの頻度で続いています。

悪い嫁であり、悪い妻である私の胸中は、やはり忸怩たるものがありますが、悪い女である私は、これ以上ないほどの幸せを噛みしめる日々なのです。

■頭を洗われながら、彼女のオッパイの肉感がぐにゅぐにゅと口元に押し付けられ……

巨乳美容師の誘惑に負けて暴走する俺の股間

投稿者　清水篤人（仮名）／31歳／飲食業

かねがね、俺に気があるんじゃないかと思ってたんだ。

いつも行く店の美容師のナオちゃん（二十五歳）。

だって行くたびに、とても偶然とは思えない俺へのボディタッチがすごいんだ。

「は～い、それじゃあアタマ流しますね～。こちらにどうぞ～」

と言って、シャンプー台のほうに俺を導くナオちゃん。

相変わらず巨乳がゆさゆさ揺れて目のやり場に困る。

「はい、じゃあ寝てくださ～い」

俺は言われたとおりシャンプーチェアに寝そべり、リクライニングに身をもたせかけて上を見上げる格好になる。

「首苦しくないですか～？　それじゃあ流していきますね～」

シャワーからお湯が出され、「熱くないですか～？」という確認とともに俺の頭にナオちゃんの手がかかり、濡らされた髪がゆすがれて……と、ここで俺の口が何かにふさがれる。例の顔の上に載せられる布切れなんかじゃない。

それはたっぷりとした肉の重み。

そう、ナオちゃんのオッパイだ。

もちろん、淡い緑色の長袖のカットソーは着てるけどその布地は薄く、それを通して明らかにノーブラでしかありえない、ゆさゆさ、たぷたぷした肉感が俺の口に上から押し当てられているのだ。

ああ、また……こんなの、まずいんじゃないの？

と、俺は周囲の目を気にするけど、うまい具合にこの美容院に三台あるシャンプー台はまとまって、カットやパーマなんかの施術をするメインルームとは別の場所にあり、そこからこちらの様子は窺えない。今シャンプー台にいる客は俺一人だけなので、いわば実質、個室状態だ。

「かゆいところはありませんかー？」

シャンプーが泡立てられシャクシャクと頭を洗われながら、ナオちゃんのオッパイの肉感がぐにゅぐにゅと俺の口元に押し付けられるのがわかる。しかも、それはちょうど乳首の部分で、薄い服の布地を通してポッチリとエロい質感がわかるんだ。

俺は思わずその突起を舌先でつつき、コリコリっといじくってみる。

「……ん、んふ……か、かゆいところはありませんかぁ……？」

ナオちゃんは感じていて浮足立っているのか、声を上ずらせながら、また同じセリフを繰り返す。

その密かにエロい状況に、俺は思わずシャンプーチェアの上で興奮し、股間を固くさせてしまう。厚手のジーンズを履いているので大丈夫かとは思うが、その突っ張り具合がバレやしないかと、ちょっと気が気じゃない。

でもそれは、ある意味、杞憂だった。

ナオちゃんは俺の興奮状態に、気づく気づかないの問題じゃなく、ごく自然に手を伸ばして、ジーンズの上からゴシュゴシュ、ギュウギュウと撫でさすり、揉み回してきたのだ。

……う、うおおっ、こ、これはたまらん……！

俺はその刺激にますます勃起をきつくし、窮屈なジーンズの中で、突っ張る苦痛と昂る快感を同時に感じ、その反動で思わずナオちゃんのオッパイに対する責めを強めてしまってた。

服の布地がべちゃべちゃに濡れて突起が透けて見えるほど、舌を使ってレロレロと乳首を舐め回し、チュウチュウと吸って、カリカリと甘噛みして……。

「……っ、は、はぁ……はいっ、お疲れさまでした！　……椅子起こしますね～」

と、いよいよいいトコロ、というタイミングでシャンプータイムは終わってしまい、俺は色っぽく上気した顔のナオちゃんに頭を拭いてもらったあと、後ろ髪を引かれるような思いでカットをするために歩きだした。

ふとナオちゃんのほうを見ると、さりげなく服の、俺に舐められてビチョビチョに湿った箇所を隠すようにして他の作業を始めてた。

くそ～っ、こんな生殺し状態のまま、帰れるかよ～っ！

俺は腹を決めていた。

このあと絶対、ナオちゃんを誘ってセックスしてやるっ！

俺は午後八時の閉店時間まで待って、外でナオちゃんを出迎えた。

ナオちゃんは一瞬びっくりした顔をしたけど、すぐにウフフとほほ笑んで、俺に連れられるままにホテルまでついてきた。

部屋に入るや否や、俺はナオちゃんに抱きついて言った。

「ねえ、そんなに俺のこと好きなの？　つきあう？」

舌をからめ合う濃厚なキスをたっぷりとしたあと、ナオちゃんが言った。

「え？　う～んと、もちろん嫌いじゃないけど、そんなに好きってわけでもないかな」

「マジ？　じゃあなんで、店で俺にあんなこと……？」

「ああ、あれ？　なんか清水さんが月イチで髪切りに来るタイミングが、あたしの欲情バイオリズムと重なっちゃってるみたい。ムラムラしちゃって思わずイタズラしちゃうみたい。えへ」

「おいおい、じゃあ、その日来てる他の男客にも、まさか同じことを……？」

「うん、まあ、少し……」

俺はナオちゃんの思わぬ返事になんだか拍子抜けしちゃったけど、ここまできたら、やらないで帰るという選択肢はない。ナオちゃんの服を脱がせると、例の魅惑の巨乳ちゃんをナマで拝ませてもらい、たまらずそれにしゃぶりついていた。

改めてその白い乳房の柔らかさ、舐め応えのある大粒の乳首の旨味を味わいながら、今度はジーンズもパンツも脱いだ自由な状態で、思いっきりチ○ポを勃起させてた。

「あ～ん、舐めた～い！」

するとナオちゃんはひざまずいて俺の股間にむしゃぶりつき、メス犬のようにあられもないはしたなさで、勃起チ○ポをフェラチオし始めた。

「……ん、お、おいひい……うぶ、んふ……んじゅぶっ……あはぁ……」

とろんとした目でねぶり回すその痴態を見せつけられて、俺の欲望も爆発した。

ベッドに彼女の身体を放り投げると、すかさずその上に覆いかぶさり、いい加減カチンカチンに昂ったチ○ポを、ヌレヌレのマ○コに突っ込んだ。

「……あはぁっ……あん、ああ、あひぃ……ひっ、ひぃっ！」

チョー色っぽい彼女の喘ぎ声を聞きながら、そのまま腰も砕けよと、ガッツンガッツン激しく打ちつけて……あっという間に限界が来てしまった。

「ううっ……くっ、くう……ああ、あ……」

「ああん、きてきてぇっ！　オマ○コの中にいっぱい出してぇっ！」

俺はナオちゃんのヨがり喘ぐ声に煽られながら、どぴゅどぴゅと彼女の中に射ち込んでしまってた。

俺に気があるんじゃないかという予想は全然外れてたけど、キモチよかったから、まあ、いいか。

第二章

激しい欲求不満に震えて

■いつしか私たちは下半身をさらけ出して、濡れ蕩けた性器に指を突っ込み合って……

恋人のいない悶々とした夜を女同士で慰め合って

投稿者 上白石麻耶（仮名）／25歳／OL

その日の夜も私、ワンルームマンションの自宅ベッドの上でオナニーしちゃってた。だって、大好きなカレシの研吾が会社の研修で、なんと三ヶ月にも渡ってモンゴルに赴任させられちゃったんだもの。ほぼ週二の割合で研吾とエッチしてた私としては、そりゃもうたまったもんじゃない！

ほぼ三日に一回襲ってくる悶々とした激しい疼きに耐えられず、ついつい手がイケナイ場所に伸びてって……研吾に揉まれ、吸われまくったせいかどうかわかんないけど、つい最近になっていつの間にかGカップからHカップにサイズアップしてることに気づいた、片手に余る巨乳系オッパイを揉みしだき、ツンと勃起したサクランボ大の乳首を指先で摘まんでクニュクニュとこね回して……。

「あっ、は、はぁ……」

思わず喉から甘い喘ぎをこぼしながら、さらに反対側の手は股間へと……黒々、鬱蒼と茂った草むらの中から垣間見える、エッチなオツユでテラテラとぬめり光った赤身肉のひだに指を一本、二本……と挿し入れ、クチュクチュ、ジュブジュブと粘度たっぷりの音を響かせながら掻き回して……。

「んあっ、はあっ……ああ、研吾、研吾ぉ……早く帰って来てぇっ！」

私は愛しいカレの名を呼びながら、自慰の快感の波に呑まれ、その奥底にのめり込んでいっちゃう。

と、そんな、まさに今にもイこうかというときだった、いきなり玄関のチャイムが鳴り、私はハッと我に返った。

え、ええっ⁉　今もう夜の十時だよ？　いったい誰よ、こんな時間に？

私はとりあえずバタバタとTシャツと短パンを身に着け、玄関のほうへと向かった。もちろんその下はノーブラ・ノーパンだ。

いざというときには居留守を使うべく、足音を忍ばせて玄関ドアの覗き穴から外を窺うと……そこにいたのは仲のいい同僚OLの優香だった。

ちょっと何よ～？　何アポなしで来てんの、コイツ～？

私は思わず愚痴りながらも、勝手知ったる相手であることに安心して、仕方なくドアを開けて迎え入れてあげた。

「いきなりごめんね～、麻耶～！　でも、亮平のウワキのこと、麻耶に聞いてほしくって仕方なくて……迷惑かえりみずに来ちゃったんだ～」

亮平っていうのは、言うまでもなく優香のカレシのこと。おやおや、あんなにラブラブだったはずなのに……カレシ、魔がさしたのかな？　何にしろこの話、聞いてあげないわけにはいかなさそうだ。

「も～っ、しょうがないなあ～っ」

私はしかめっつらに笑い声を含ませながら優香を部屋にあげ、彼女が持参してきた缶ビールを開けると、女二人で酌み交わしながら、その滔々と溢れ出す愚痴を聞き、「うんうん、そりゃ彼のほうが悪いよね～」なんて相槌を打ちつつ相手をしてあげた。

で、私はそうでもなかったんだけど、そのうち優香のほうは相当酔いが回ってきて、呂律は怪しく、目も妙なかんじに座ってきた。

そして、思わぬことを言いだして……！

「ちょっとねえ、麻耶、あんたなんでそんなふうに乳首ツンツンに立ててるの～？　あれあれ？　それだけじゃなくて、パンツの股間湿らせちゃって……ひょっとして、あたしが来るまで、オナってた？　やだ～っ！」

言われて、私はギョッとしちゃった。優香の相手をしてるうちに、自分ではとっくに落ち着いてるものと思ってたオナニーの名残が、実はまだ全然残ってたのだ！　見ると、確かに乳首の尖りはTシャツの布地を思いっきり突きあげてるし、薄手の短パン生地の股間部分はうっすらと黒く湿っている。

「え、ええっ、そんな……誤解だよ。オナニーだなんて……」

「いいじゃん、いいじゃん、そんなごまかさなくても！　あんたも今カレシがいなくて男日照りだもんね！　で、あたしのほうはカレシに裏切られて意気消沈……ねえ、いっそさ、かわいそうな女同士、お互いに慰め合おうよ！　あたし、一回レズHってやつ、体験してみたかったんだ。ね、ね、いいでしょ？」

「そ、そんな……やだよお！　だって恥ずかしいじゃん……」

「大丈夫、大丈夫！　あたしら二人だけの秘密だからさ、ね⁉」

完全にヘンなテンションが上がりまくってしまった優香はもう、私の躊躇など意に介することなく、自分でシャツのボタンを外してブラをとり、ナマ乳をさらけ出しながら私に覆いかぶさってきた。そして、とても酔っ払いとは思えない力で私を押さえつけるとTシャツをめくり上げて、ボロンと露出した私のオッパイに自分のそれを押しつけ、グニュグニュと身をからみつかせてきた。

「やだ、ちょ、ちょっと優香ったら……やめてったら……んっ、んんん……」

咄嗟に抵抗の声をあげ、身をもがかせた私だったけど、それでも優香の行為をやめさせることはできず……いつしかお互いの女の肉房が妖しく密着し擦れ合う、えも言われぬ淫靡な感覚に呑み込まれてしまって……。

「……あ、あん、んふぅ……う、くふぅ……」

「ああ、麻耶……ちょっとこれってさ、かなりキモチよくない？　あたし、すっごくたまんなくなってきちゃったよお……」

はぁはぁと息を荒げながら優香がそう言い、今度は私の乳首を口に含んで、チュウチュウ、チュクチュクと吸いたて舌先でコロコロと転がしてきた。

「ひあっ、あっ……ああん……」

「ほらほら、麻耶の乳首、どんどん固く膨らんでくよ？　感じてるんでしょ？　ねえ、あたしの乳首も吸ってよお、ほらあ！」

もう断れない。

私もどうしようもなく高まる淫乱なテンションのままに、彼女の形のいい美乳にむしゃぶりつき、その柔らかい肉房を揉み回しながら、薄ピンク色の乳首を無我夢中で吸い、味わってた。

「ああん、はぁっ……いい、いいよお、麻耶ぁっ……！」

「はぁ、はぁ、はぁ……ああ、優香……」

いつしか私たちはお互いの下半身をさらけ出して、とんでもなく濡れ蕩けた性器に指を突っ込み合い、湯気が立たんほどのホットな勢いで掻き回し合ってた。

「くはあっ、ああ……す、すごい、キモチいいよ～～～！」

「あ、ああっ……優香、私もっ……んはあっ……！」

「イッちゃう……ああ、あああ……ああ～～～～～っ！」

「んくはぁぁっ……イク～～～～～ッ！」

とうとう二人して、あられもなくイキ果ててしまった。

もちろん、さっき話したみたいに、このことは二人だけの絶対の秘密。でも、どうせ秘密なら、研吾が帰ってきてくれるまでのあともう一ヶ月とちょっと、二人で愉しむのも悪くないかもね？

■私はパイズリ&フェラしながら、空いているほうの手を自分の股間に伸ばして……

場末のポルノ映画館で痴女&羞恥遊戯の快感に溺れて

投稿者 志木はるか（仮名）／40歳／会社経営

私は三十歳の頃、女グセの悪い元ダンナからの地獄のようなＤＶに苦しめられた末に離婚。その後、結婚前まで勤めていた人材派遣会社で得た経験と人脈を活かしてゼロから起業、料理上手なスタッフに特化した家政婦紹介業を成功させ、今では従業員数二十名を数える会社にまで成長させました。

ここまでくるにはそりゃもう並大抵の苦労と努力ではありませんでした。もう結婚なんて二度と御免！　家庭とか子育てといった、いわゆる普通の女としての幸せになど見向きもせず、血のにじむような思いで仕事に打ち込み、今のリッチな暮らしを手に入れたんです。

でも、こうして『社会的存在』としての女の幸せとは縁を切ったものの、一方で生物学的な女の幸せ……もとい、女の欲求だけは、完全に払拭することはできませんでした。……そう、時折思い出したようにアソコが、肉体の奥のドロドロとした核の部分が熱く疼き、もうどうしようもないぐらい飢えてしまうんです。

そんなとき必ず、私が足を運ぶところがあります。

それは、大都会の片隅でひっそりと営業している、今どき珍しい成人映画館。一本一時間足らずの尺のポルノ映画を三本立てで上映していて、その料金はなんと七百円。昨今では当たり前になっている入れ替え制なわけもなく、その気になれば一日中いることができるとあって、他に行くあてもない低収入者や年金生活者といった人種の男性客のたまり場となっているような、なんともいえずわびしく、くすんだ場所です。

でもそこが、私にとっての最高の欲望とストレスの発散場所なのです。

先週も行ってきたばかりなので、そのときのことをお話ししましょう。

金曜の夜でした。

といっても、世間一般的なハナ金の賑わいなどそこにはなく、キャパ百人ほどの狭い劇場の中に、ぽつん、ぽつんと一人客たちが散らばり、ざっと総勢三十人ほどだったでしょうか。

私はそこへ、深く顔が隠れるほどのつば広の帽子と、サングラスにマスクという重装備で入っていきました。でも下のほうは重装備とは程遠く、黒いロングコートの下はほぼ全裸。黒のガーターベルトと赤いハイヒールしか身に着けてはいません。そう、まるで夜道でいきなり出くわし、バッ！　と見たくもないモノを見せつけられる露出狂の変態です。我ながら怪しすぎますが、こうじゃないと興奮しないんです。

そして、一見普通のサングラスに見えて、実は特別に取り寄せた、外国製の高い暗視機能を持った特殊なゴーグルを通して、今日のターゲットを物色しました。五人、六人……と見ていくうちに、いました。私好みの相手が。

おそらく年の頃は三十代半ばくらいで、ここではそこそこ若く、でも定職に就けずに日雇いや派遣で糊口をしのぎ、ほとんどその日暮らしの生活に不満と憤懣を抱えている……そんなようなタイプです。顔だちは決して悪くなく、ガタイもいい感じです。

ロックオンした私は館内の薄暗闇の中、女優さんの喘ぐ姿が映ったスクリーンの光をさえぎりながら、彼の座席のほうへと近づいていき、すぐ隣りに座りました。

こんなところでは、込んでもいないのに隣りに座ってくる相手など普通はおらず、一瞬彼は驚いたように私のほうを見やりました。そしてもちろん、さらに輪をかけて驚き、目をまん丸に見開いて凝視してきます。

なんでこんなところに女が……？

ありありと、そう彼の顔に書いてありますが、席を立とうとはしません。それで同意を得たものと解釈した私は、マスクを外して真っ赤なルージュを引いた唇をニッコリと微笑ませました。そして手を彼のほうに伸ばし、ジーンズの上からその太くたくましい太腿を撫でさすりました。それから徐々に股間のほうへと移動させていきます。すると案の定、ジーンズの前部分はパンパンに膨らみ突っ張り、内側ですでにアレが勃起していることが窺えました。それを確認するように膨らみを直接撫で回してあげると、一段と熱を持って固く昂るのがわかりました。

「……う……っ……」

彼が小さく呻くのを聞きながら、私は、

「うふふ、大きいのね……」

と耳元で囁きながら、ジーンズのジッパーに指をかけ、ジジジジ、と引き下げました。そして前ボタンも外してジーンズ上部を広げると、トランクスの下着をまさぐって彼のペニスを引っ張り出しました。

固く、大きく、熱く……亀頭をパンパンに張り詰めさせ、竿には太く血管を浮立たせています。私は思わず舌なめずりしました。

ああ、なんて美味しそうなの……。

私はうっとりしながら、すでにその先端から滲み出しているカウパー液を亀頭全体に撫でつけのばすと、ニュルニュル、ニチャニチャと音をたてながら竿の根元までしごき始めました。最初はゆっくり、でもだんだん速くしていって、そのうちすごい勢いで上下動させて……。

「ううっ……くっ、んっ……はぁっ……」

彼の呻きがよりいっそう切迫感を強め、ペニスの昂りはますます荒々しさを増していきます。

同時に私の淫乱テンションも高まっていく一方で、いつも同様に次なるステージへと進みました。コートのボタンを外して前をはだけると、ユサユサと自慢の巨乳を揺らし、さらしながら彼の前にしゃがみ込みました。そして、乳房の谷間にペニスを挟むと、にょっきりと突き出した先端をパクリと咥え込み、全身を揺らしてパイズリしながらしゃぶりたてるのです。

どんな男もあっという間に昇天してしまう、私得意の必殺テクです。

「あ、ああっ……んあっ、はあっ……す、すげぇ……」

彼はたまらず喘ぎ声をあげ、ペニスを私の口内でビクビクと大きく身震いさせました。さあ、ここからが私の一番の盛り上がりどころです。私は上目づかいでパイズリ&フェラしながら、空いているほうの手を自分の股間に伸ばしてオナニーを始めるのです。もちろんもうソコは溢れ出す淫汁でグチャグチャのドロドロで、指の抜き差しのたびに、ピチャピチャ、ヌチャヌチャと淫靡なシズル音を響かせます。

「……んふっ、ふう……んぐっ、ん、ぶふぅ……！」

私は彼を責めたてると同時に、自分でも喜悦の淫声をあげ、したたり落ちる淫汁のしずくで、コンクリートの床を恥ずかしげもなく濡らしていました。

そうしながらフと気づくと、いつの間にか館内じゅうから他の客が集まってきていて、私たちを取り囲む格好で痴態を眺めやりながら、各々が自分のアレをしごきたてていました。その恥辱の興奮たるや凄まじいもので、私は頭の中を真っ白にしながら喜悦に酔いしれアソコを掻きむしり……その果てに彼が吐き出した大量の濃ゆい精液をゴクゴクと飲み下しながら、絶頂に達していたのです。

それはもう最高のカイカンでした。

このヒミツのガス抜きで自分の欲求不満を発散させつつ、これからもさらに会社を大きくすべく、よりいっそうがんばれるというものです。

■次第に私は兄の挿入のリズムと共に、快感を覚えるようになっていって……

兄妹近親相姦で処女と童貞を同時に喪失して！

投稿者 布川あや（仮名）／33歳／専業主婦

あやうくて、恥ずかしくて、こわいもの知らずで……今思い出しても、たまらない気持ちになって、思わずオナニーしたくなっちゃうような私のいやらしい青春のメモリー、よかったら聞いてください。

当時、私は十五歳で高校一年生になったばかりだったんだけど、まわりの同級生女子たちとの間にどうしようもない違和感を感じていました。

それはぶっちゃけ、性欲について。

基本、ぼちぼちそういうことに興味が湧き、だいたいの子がオナニーに目覚め、中にはけっこうとんがってる子は初体験も済ませ、それなりの異性関係を持っててもおかしくない年代ではあるけど、そんな中でも私は特別だったっていうか……。

まず、カラダの発育がすごかったんです。

身長は一六十センチちょっとで特別大きくはなかったんだけど、胸は当時すでに八十六センチあって（今は九十二センチ）、そりゃもう常にまわりの男子からの熱い視線にさらされてたかんじでした。体育とか水泳の授業のときなんか、めちゃくちゃ恥ずかしかったなあ……ぶるんぶるん胸が揺れるたびに、男子のあちこちから「おおっ！」とか「すげっ！」とかって声があがって。

そんなだったから、そりゃしょっちゅう痴漢や変質者の被害にも遭いました。

自転車通学だったんだけど、夕方の下校時間のちょっと暗くなってからとか、すれ違いざまに胸やお尻（こっちもプリプリ発育がよかった）にタッチされたり、揉まれたり……いきなり物陰から飛び出してきた下半身剝き出しの男が、私のこと見ながらアレをしごいてきたり……もし満員電車なんかで通学してたらと思うと、ぞっとするっていうか、間違いなく毎日やられ放題だったでしょうねえ（笑）。

っていうかんじで、日々、いろんな欲望の目にさらされ、ヤバイ場面に遭遇したりしてた私ですが、そうすると人一倍、そういう感覚が研ぎ澄まされ、強くなっちゃうっていうか……こっそり淫乱スケベ度が上がっていくものなんですね。

私は毎日、夜になるとオナニーせずにはいられない女子高生になっていました。

寝る前のシャワーを浴び、すっきりした体で自室のベッドの上で横になると、ごく自然に右手はアソコへ、左手は胸へと伸びていき……あ、オカズとかって、全然必要なかったです。十五歳にして熟れまくったカラダを持て余し、その火照りと疼きに煽られつつ、次から次へと脳内に湧き起こってくるエッチな妄想に没入しながら乳首をいじくり、アソコをグチュグチュもてあそんでると、こわいくらいに快感の波が押し寄せてきて……三十分のうちに三、四回はイクことができちゃいました。

あ〜、ほんと、とんでもない淫乱女子高生。

でも実際は根性ナシなもので、他のススんでる子たちがしてるみたいに、いわゆるリアル不純異性交遊に走ることはできなくて、そのうちだんだんとオナニーだけでは満足できない感覚が強くなっていきました。一応「イク」ことはできるんだけど、その満足ゲージが十のうち七までしかいかないっていうか……。

まあ、そんなかんじの日々だったわけです。

ところがそんなあるとき、私は思いがけないものを目撃してしまいました。

それはなんと、兄（当時十七歳）のオナニー現場でした。

当時所属していたブラスバンド部の練習が急遽休みになり、いつもより二時間近くも早く帰宅すると、どうやら先に兄が帰っているようでした。兄はいわゆる帰宅部で、部活は何もしていませんでした。

一声かけようと思って兄の部屋のほうへ行くと、ドアが薄く開いていました。でも室内からはなんの音も聞こえてきません。昼寝でもしてるのかなと思って足音を忍ばせて近づいていった私。こっそり中を覗くと……？

ヘッドホンを装着した兄がテレビ画面を見つめていたのですが、そこにはあられもない男女のエロシーンが映しだされ……そして兄は下半身を剝き出しにして、自分のアレを一心不乱にこすっていたんです。私がまだほんの幼い頃に見たそれとは違い、モジャモジャと生えた陰毛の中、兄のモノはいかつく黒ずみ勃起して、でも先端の亀頭部分だけは毒々しく感じるほどに鮮やかな赤味を帯びていたのを覚えています。

で、私はどうしたかって？　びっくりしてその場を逃げた？

いえいえ、その逆です。

どうしようもなく興奮してしまった私は、こっそりオナニーに夢中の兄に近づくと、背後から手を回し、兄の手に添えるようにしてそのモノを摑んでいたんです。

「……！　あ、あやっ⁉　お、おまえ一体何してっ……？」

驚愕した兄は慌てて私の手を振りほどこうとしましたが、私はそうはさせませんでした。そして、兄のヘッドホンを外してその耳元でこう囁いたんです。

「だめよ、お兄ちゃん。このこと、お母さんやお父さんに黙っててほしかったら、私のいうとおりにして！」

「……え、ええっ？　そ、そんなっ……！」

効果はてきめんでした。私自身そうですが、オナニーぐらい、年頃の若者だったら皆普通にやってることではありますが、だからといってそう反論して開き直ることは簡単なことじゃありません。まだまだ恥も外聞も気にするお年頃ですもの。

「ど、どうしろっていうんだよ、あや？」

「う……んとね、とりあえずじっとしてて」

私はそう言うと、そっと兄の手のほうを外させて、自分ひとりの手のひらで、その固く大きく勃起したモノを握り込み、ゆっくりとこすりたて始めました。

「……あ、あっ、お、おまえ……何やって……？」

思わぬ私の手コキ攻撃に面食らいながら、兄は次第に息を荒く弾ませ、さらにモノを熱く膨張させていきました。燃えるようなたぎりが手のひらから流れ込み、私のカラダの奥のほうまで火をつけてくるようでした。

「ああ、お兄ちゃんのコレ……すごいね。今にも爆発しちゃいそうなくらいパンパンで、ドクンドクン脈打ってる。あ、あれ？　先っちょからなんかヌルヌルした液が出てきたよ？　ねえねえ、何これ、お兄ちゃん？」

「……んっく、う……くう……っ……」

快感をこらえる兄の姿にますます昂ってしまった私は、おもむろに前のほうに回り込むと、モノを咥え込み、フェラチオを始めていました。もちろん、生まれて初めてのトライアル……でもそこには、とまどいも迷いもありませんでした。ひたすら己の性欲に忠実に、兄の快感に呼応して、舐めしゃぶり、吸いまくって……！

「あ、あああっ！　だ、だめだ、あやっ……で、出ちまうっ……くうっ！」

次の瞬間、兄は限界に達し、私の口の中に大量の青臭い体液を注ぎ込んできました。そして私はなんの抵抗感もなく、それをゴクゴクと飲み下していったんです。

ああ、苦い……でも、なんておいしいの！

そう思いながら。

「ねえ、お兄ちゃん、気持ちよかった？　じゃあ今度はあやのこと、気持ちよくしてよ。ほらここに、もう一回固く大きくして、入れてよ、ねえ！」

「え、ええっ……で、でもっ……」

私の要請に、兄は躊躇しましたが、じゃあぜんぶ、お母さんにもお父さんにも言っちゃう、と言うと、渋々覚悟を決めたようでした。

私が手を伸ばして改めてこすってあげると、モノはあっという間にまた固くなり始め、とうとう完全再勃起しました。

そして、満を持して私の中に挿入してきて……。

「……っ、痛ぅ……んぐっ、はぁっ……あ、ああ、あふ……んあっ、はぁはぁはぁ、あひっ、んはっ……あ、あん、あはっ……ああっ！」

最初激痛が走り、目の中に火花が散るような感覚でしたが、それもだんだんと収まってきて……次第に私は兄の挿入のリズムと共に、快感を覚えるようになっていきました。それは私の肉のひだの奥の奥を深くえぐってきて……。

ああっ、オナニーとぜんぜん違うっ！

「あ、ああっ、いい、いいのぉ……お兄ちゃん！」

私は今や自分から兄の腰に両脚を巻き付け、ぐいぐいと締めあげるようにしてエクスタシーをむさぼっていました。そして、二度、三度と小爆発のようなオーガズムが弾けたあと、いよいよより大きな波が押し寄せてきました。

「あ、ああ！　ひっ、あひっ……す、すごい、お兄ちゃんっ！」

「うくう……あや……俺もう限界っ！　また出ちゃうよっ……や、やばいって……」

もちろん、妊娠のリスクがそのとき脳裏をよぎりましたが、私はそれよりも、ナマで中出しされる感覚が味わいたくて仕方ありませんでした。

ドクドクと奥まで注ぎ込まれたいっ！

私は声の限りに叫び、訴えていました。

「ああん、お兄ちゃん……中で出してぇっ！　あやの奥の奥まで、お兄ちゃんの熱いのいっぱい注ぎ込んでぇっ！」

「……ば、ばかっ、おまえ何言って……うっ、んぐぅ！」

兄の最後のためらいも虚しく、その若いほとばしりが弾け、私の中を熱くいっぱいに満たしながら流れ下っていきました。

「あっ、あ、ああ……あああ〜〜〜〜〜〜〜〜〜〜っ！」

兄と妹の近親相姦で、中出しで、童貞と処女を同時に喪失して……いろいろ情報多すぎの初体験でしたが、とりあえず運よく、妊娠という最悪の結果は避けることができました。

あ〜っ、十八年間誰にも話したことのなかった私とお兄ちゃんの秘密、とうとう言っちゃったあ！

興奮してもらえたら、とっても嬉しいです。

■わたしはYさんの顔を見つめながら、何も穿いていない丸出しの下半身に手を……

リモート打ち合わせオナニーで秘密のオーガズムに溺れて

投稿者 森永ゆきみ（仮名）／27歳／デザイナー

皆さん、電子書籍って知ってますよね。そう、紙の本じゃなくて、データをダウンロードすることによって、スマホとかPCで読むことができる電子の本……わたしはその電子書籍の表紙やページをデザインする仕事をしています。おかげさまで、例の世界的な感染症の問題があってから、インターネットで手軽に入手することのできる電子書籍に対する世間の人の需要がぐんと伸び、私的にも日々とても忙しくさせてもらっています。

ただし、そうやってフトコロは潤っても、一方で外に出かけて友だちと会ったり、遊びにいくような時間的な余裕はなくなり、非常に不毛で寂しいプライベートを強いられているのが正直なところ……あーん、もう、たまにはカレシとエッチしてイキまくりたいよーっ！　……って一応言ってみたけど、実はわたし、カレシいない歴三年。もうここ最近はずーっとひとりエッチ専門なんですねー。

でも、それはそれでなかなか楽しめたりしてるのも事実。

わたし今、某電子出版社の編集者のYさんが大のお気に入り、っていうか、ぶっちゃけ好きになっちゃってるんですけど、もっぱら彼とのリモート打ち合わせ中に密かにオナニーするのが、一番のお楽しみタイムなんです。うふ。

『あ、こんにちは。お世話になってます。今日も打ち合わせのほう、よろしくお願いしますー』

『はい、こちらこそ。よろしくお願いします』

『ではまず、○○××の最終回のサムネイル（まあいわば表紙のことですね）の件ですが……』

『ああ、もう最終回ですかあ、ずっとデザインしてきた身としてはちょっと寂しいですねえ』

『ですね。作者も森永さんのデザインを気に入っていて……』

と、今日もパソコンのモニターに互いの顔を映して、それに向かってあれこれと打ち合わせを始めたわたしたちですが、画面には映らない部分でわたしはそそくさとイケナイお楽しみを始めます。

（ああ、Yさん、今日もかっこいいなあ……奥さんとはふつうにエッチしてるのかなあ。昨日もしたのかなあ？　いったいどんなプレイしたんだろ？）

などと、ちょっとオダギリ○ョー似のYさんの顔を見つめながら、何も穿いていない丸出しの下半身のほうへと手を伸ばします。そして、モニターの中でしゃべってるYさんが時たま自分の唇を舐めるのを見て、まるでその唇が自分のオマ○コであるかのように想像して、指でクチュクチュといじくって。

（あ、ああ……んっ……）

『……っていうふうに、最後はスタイリッシュにキめたいですよね……って、聞いてます、森永さん？』

『あ……も、もちろん聞いてます！　そう、スタイリッシュにね！　わたしもそれに賛成です』

ああ、ヤバイヤバイ、いつの間にかマ○コいじりに没入してて、危うく軽くイクところでした。さすがにそれはマズイ。仮にも打ち合わせ中ですから、ギリギリで寸止めしなくちゃいけません。

でも、そんなココロとは裏腹にカラダは……マ○コをいじってる左手とは別に、右手のほうが勝手に動いてトレーナーの裾から入り込んでいって……ノーブラの乳首をこねくり回し始めてしまいました。

（ううん、キモチイイ……ああ、Yさん、そんなセクシーな目で見つめないでぇ）

『……ねえ、森永さん、ホントに大丈夫？　ちょっと心ここにあらずってかんじだけど……どっか具合でも悪い？』

『いえいえ、大丈夫ですよお、はい』

わたしは一応、気合を入れ直し、打ち合わせのほうに意識を持っていくようにしました。二件目、三件目と順調に確認作業を進め……なんとか全工程を終えることができたんです。でももちろん、わたしはまだ別れがたく……、

『はい、お疲れ様でした。じゃあ、次回はまた二週間後あたりということで……』

そう言ってお開きにしようとするYさんに対して、必死で食い下がりました。

『あ、ところでYさん、奥さんと結婚されて今何年くらいでしたっけ？』

『えっ？　ああ、え～と……たしか六年目だったかな。それがどうかしました？』

『い、いえ、Yさんってやさしいから、きっと奥さんも幸せなんだろうなって思って』

『ははは。いや、そんなことは……ふつうですよ、ふつう』

そう答えるYさんの笑顔はふつうではなく、逆にとっても幸せそうで……私の心中には嫉妬の炎が燃え盛り、それがむしろ欲情を煽りました。

（きっとYさん、この長い舌で奥さんのオッパイをチロチロと舐め回して……）

わたしの指先が乳首を摘まんでコリコリと転がします。

(その細くて長い指で奥さんのアソコの奥のほうまでクチュクチュ、ジュブジュブ掘ってあげて……)

わたしの指もマ〇コの中を行ったり来たり掘削します。

(あ、あああ、あう……いい、いいわ、Yさん……)

いつの間にかもうわたしのソコはネットリした淫液が溢れこぼれて、グジョグジョになっていました。そのいやらしいシズル音が、モニターの向こうのYさんに聞こえやしないかと、もう気が気じゃありません。

でも、指の抜き差しをやめられない。

ああ、ほんとはこの姿をYさんに見せつけて、こう言ってやりたい。

Yさん、あなたのおかげでわたしのココは、こんなに淫乱なことになってしまってるんですよ！　責任とってくださいよお！

……なんて、言えるわけがないけど。

『まあ、僕と奥さんの話はもういいじゃないですか。ところで森永さんだって、カレシとかいるんでしょ？　結婚はいつ頃されるつもりですか？』

そんなヤツ、いねーって言ってるだろ！

あんたがわたしのオマ○コ、満足させてくれればいいんだよ！

『……も、森永さん……？』

嫉妬と怒りと欲情がないまぜになった、なんともいえない心身の昂りと同時に、わたしの自慰行為はクライマックスを迎え、Yさんに心配されるほどの不審な様子をさらしつつ、イキ果て、一瞬意識が飛んでしまいました。

『だ、大丈夫ですか、森永さん……？』

『あ、だ、大丈夫です。ちょっと寝不足で疲れてたものですから……すみません』

『無理しちゃだめですよ。お大事にどうぞ』

『はい、ありがとうございます』

そうしてわたしはYさんに別れを告げ、モニターを切りました。

無性に興奮して最高にキモチいいオナニーができるんだけど、そのあとに訪れる虚無感ときたら、それはもうハンパない……このヒミツのひとり遊び、わたしったらいったいいつまで続けるつもりなんでしょうね？

■彼女の肉ひだはトロトロに蕩けて淫らで濃厚な汁を溢れさせ、僕はそれを舐め……

妹同然の幼なじみの彼女の肉の奥底までつらぬいて

投稿者 村本孝文（仮名）／28歳／会社員

それはあまりにも思いがけない出来事でした。

まさか、やよいが僕にあんな感情を抱いていたなんて……。

私とやよいの実家はお隣り同士で、周囲に似たような年の頃の子供がいなかったせいか、三つ違いの僕とやよいは幼い頃から兄妹のように遊び、時には宿題を手伝い、時にはちょっとした相談に乗ってあげる……そんな、典型的な幼なじみの間柄でした。

私は一人っ子だったので、いずれ親から今の家を継ぐことになるのを自覚していましたが、やよいは上に（あまり仲のよくない）兄が二人いるということで、いずれ自分は家を出ていくものと割り切り、かなり自由に物事を考え、行動しているような節がありました。

そんなやよいも大学は四年間、地元の私立に通ったものの、就職先は県外の企業に決まり、それまで二十二年間暮らした実家を離れることになりました。

そうなると、兄妹同然に接し過ごしてきた僕も、さすがに感慨深いものがあり、二人だけで送別会をやろうと話を振りました。すると彼女は、一瞬何か思いつめたような表情になりましたが、すぐあとには満面の笑顔になって、

「いいよ！　ありがとうタカ兄ちゃん（僕の呼び名です）。楽しみだね！」

と言って、了承してくれました。

そのときすで社会人生活三年目を迎えていた僕は、余裕でいい店でご馳走し、それなりの餞別で彼女の旅立ちを祝ってあげるつもりでいました。

そのとき実は、密かにある意志を固めていた、やよいの心中など知るよしもなく。

そしてまだ少し肌寒い三月の初旬、約束の送別会の日になりました。もうすぐ二日後には、やよいは一人暮らしするマンションへ引っ越すことが決まっていました。正式入社の前の何日間か、研修期間があるとのことでした。

夕方の六時に待ち合わせて、僕が予約した店で美味しい料理とお酒を楽しみ、数えきれないほどの思い出話に花を咲かせ……あっという間に時間は過ぎて、気がつくともう夜の九時近くになっていました。

「ああ、もうこんな時間か。じゃあそろそろこの辺で帰ろうか」

僕がそう終宴の言葉を発すると、急にそれまで楽しげで穏やかだったやよいの表情

が一変しました。そして顔をくしゃくしゃにしかめ、ボロボロと大粒の涙を流し始めたのです。僕が驚いてなだめようとすると、

「あともう少し、タカ兄ちゃんといっしょにいたい」と言うのです。

「なんだ、そんなことか。じゃあ、あと少しいっしょにお茶でも……」

レジで勘定を済ませた僕がそう言うと、やよいは黙って僕の服の袖を引っ張って、夜道をずんずん歩き始めました。

「えっ、えっ……？」その行動にとまどいつつも、仕方なく僕が彼女に引っ張られるままについていくと、行き着いた先はなんとラブホテルの前でした。

「ちょ、ちょっとやよいちゃん、いったいなんのつもり……？」

「一生で一度、最後のお願いだから……ね、タカ兄ちゃん？」

「いやいや……悪い冗談はやめて……」

と言いかけた僕でしたが、やよいの固い意志の宿った目を見てその真剣度を察し、もう彼女の言うとおりにせざるをえませんでした。じゃないと、舌を噛んで死んでやる！　ぐらいの覚悟をそこに見て取ったのです。

チェックインしてホテルの部屋に入ると、彼女は先にシャワーを浴び、そのあとに僕が汗と汚れを流しました。そうしながらも、今起こっていることが信じられず、ま

だ僕のほうが浮足立っている状態でした。

バスタオルで濡れた体を拭きながら浴室から出てくると、先にやよいが全裸でベッドの上で待っていました。

「やよい……あの、その……」

僕がもう一度、彼女を翻意させようと口を開きかけると、毅然とした強い口調でさえぎられました。

「わたし！　……わたし、もうずっとタカ兄ちゃんとこうなることが夢だったの。だから、今日が最後、わたし実家にはもう帰ってこないつもりだから、永遠の思い出にわたしのこと、抱いてほしいの！」

ひしひしとその本気の想いが伝わってきました。

「でも、ごめんね。さすがにわたし、ヴァージンじゃないんだ。許してくれる？」

その段階で、ありったけの勇気を出して僕に想いを告げ、そして正直に自分のことを告白するやよいのことが愛おしくてたまりませんでした。

「許すに決まってる。僕も……やよいのこと、好きだよ」

「タカ兄ちゃん……！」

ベッドの中で、裸の僕たちは固く抱き合いました。

そして小鳥たちのついばみのように、チュッチュと軽く小さくキスを始めました。でもそれは次第に熱く激しくなっていき、いつしかお互いの唇を食いちぎらんばかりに荒々しいものになっていきました。

二人の舌が二匹の妖しげな生き物のようにのたくり、からみ合い、むさぼり合って……溢れ出たお互いの唾液が大量の奔流となってそれぞれの顎から首筋へ、そして鎖骨から胸元へと流れ落ちて淫靡に体を濡らしていきます。

「はあっ、あ、ああ……タカ兄ちゃん……んああっ……」

「ああ、やよい、やよい、やよい……！」

いつの間にか、ついさっきまではまだあった、幼なじみの妹同然の女の子を抱くという行為に対する躊躇の念は消え去り、僕の中に抑えようのない欲情の大波が巻き起こっていました。彼女のその透き通るように透明な白い肌を、柔らかく豊満な乳房を、瑞々しく細くくびれた腰を、そして股間の黒々と茂った魅惑の草むらの奥深くを、オスの本能で愛しまくり、蹂躙したい……！

もう止められません。

僕はキスをやめると、やよいの乳房に乱暴にむしゃぶりつき、その丸い肉房を食みむさぼり、ピンク色の小粒の乳首を舐め転がし、吸いました。

「……ああっ、あん、タカ兄ちゃん……き、きもちいいっ……はぁっ！」

当然、僕のペニスもう隆々と、大きく固くみなぎっていました。それを目ざとく見つけたやよいが今度は自分からそれにしゃぶりつき、僕もそれに応じて体勢を変えて、お互いにシックスナインの格好になりました。僕が仰向けで下になり、やよいが上から覆いかぶさって、お互いの性器を口で愛しまくりました。

彼女の肉ひだはトロトロに蕩けて淫らで濃厚な汁を溢れさせ、僕はそれを舐め、啜り上げながら、さらに膣奥へと舌先をえぐり込ませて責めたてます。

やよいも、僕の勃起したペニスを思いっきり喉奥まで呑み込んで、時折涙ぐみ、オエッとえづきながらも一生懸命しゃぶりむさぼって。

「あはぁっ……あっ、あ……タカ兄ちゃんっ、わ、わたし……もうタカ兄ちゃんの、入れてほしくてたまらない！　ああん、早くぅ！」

「やよい……ぼ、僕も……じゃあ、本当に……入れるよ？」

「うんっ！　やよいの奥の奥まで、いっぱい突いてぇっ！」

僕は体を起こし、正常位の体勢でやよいの両脚を左右に大きく広げると、その中心の濡れた肉穴に、己の肉棒をまっすぐに突き立てました。ズブッ、ズブブ、ヌプヌプヌプッ……と、まるでその埋没音が聞こえるかのようにペニスがやよいの胎内へと潜り込んでいきました。

「ああっ、あ、あはっ……あん、ああ〜〜〜〜〜〜〜っ！」

やよいの悦楽の嬌声があられもなくほとばしり、それに煽られるようにますます僕のペニスの抜き差しは深く、速く、激しくなっていき……、

「ああっ、タカにいちゃん……もう、やよい、イク……タカ兄ちゃんの熱くて濃いやつ、わたしの中にいっぱいちょうだ〜い！」

「……くああっ、や、やよい……！」

「タカ兄ちゃ〜〜〜〜〜ん！」

そして僕はやよいの中で思う存分、精を解き放ち、彼女はそれを受け入れながら、全身を弓反らせてビクビクとイキ果てたのでした。

誰にも言えない、僕とやよいだけの秘密。

一生大事に心の奥にしまっておきたいと思います。

■恍惚の表情で自分のペニスをしゃぶるアンナさんを尻目に、カレは私の性器に顔を……

行きずり3P快感に我を忘れたオンナふたり旅

投稿者 川崎紀香（仮名）／31歳／パート主婦

仲のいいパート仲間のアンナさんと、二泊三日で温泉旅行に行ったときのことです。夫も、パートに家事に子育てに……と、普段目いっぱいがんばっている私のことをねぎらってくれて、「実家のおふくろにヘルプ頼むからいいよ。たまには思いっきり羽根伸ばしておいでよ」と、快く送り出してくれました。

一方で、同行のアンナさんはあまりダンナとの仲がよろしくないらしく、「もう帰ってこなくていいぞ」と捨てゼリフを吐かれたそうです。まあ今回、そんなアンナさんのおかげで私、とんでもない目にあってしまったわけですが……。

金・土・日という旅程で、私とアンナさんが向かったのは伊豆のほうでした。

初日の金曜日、夕方の四時頃向こうに着くと、まずは二人で旅館の温泉に浸かりに行きました。今回初めて、私はアンナさんといっしょにお風呂に入り、その裸を見たわけですが、彼女の豊満で魅力的な肉体にびっくりしました。普段の私服やパートの制服を着ている姿を見て、そのボリューミーな体型については、まあ認識していましたが、実際脱ぐと、ただの太目ではなく、絶妙にメリハリの利いたいわゆる『エロいカラダ』をしている彼女を見て、なんだかドキドキしてしまった次第です。

　そして温泉から出ると、私たちは大食堂へ向かいました。そこでのバイキング形式の食事が、一日目の夕食でした。二人で色々な料理をトレイに盛って歩いている途中、アンナさんが、ある一人の男性客を示して言いました。

「ねえねえ、あの人、素敵だと思わない？　私、すっごいタイプ～～～！」

「へえ、そうなんだ。まあ、悪くないんじゃない？」

　彼女に比べて低いテンションで応じた私に、アンナさんは若干不服そうでしたが、すぐに切り替えたようで、私たちは楽しく夕食をとりました。そこでオプションでビールも少し飲んだ私は、あまりアルコールに強くないこともあり急に眠くなってしまい、ほどなく、もう部屋に戻って休むと言いだしました。

　それでもアンナさんは気を悪くするでもなく、

「それなら休んだほうがいいわ。私は勝手に一人で楽しませてもらうから」

と言い、どうやらさっきの例のカレにアプローチをかけに行ったようでした。私はそのあとすぐにぐっすり眠ってしまい、成り行きは知るよしもありませんでしたが。

そして一夜が明けました。

私とアンナさんは朝から、あらかじめ決めていた複数の観光スポットを精力的に回り、これでもかと旅を楽しみました。そして一通り回り終えて宿に戻ってきたのは夕方の六時頃。昨日と同じく大食堂に向かいバイキングの夕食をとり始めました。

するとなんと、昨日のカレが近づいてきて、気さくに話しかけてきました。

なんだかアンナさんと妙に親しげに話しています。

でも、それ以上あまり長居することなく、自席へと戻っていきました。私はちょっと拍子抜けしながらも、何か怪訝な思いを拭うことができませんでした。

夕食後、アンナさんと二人で温泉に浸かり、部屋に戻ってきました。旅行の最後の夜ということで長湯をしてしまったこともあり、すでに時刻は夜の十時近くになっていました。

「あ〜、これで明日は帰らなきゃいけないなんて、なんだか名残惜しいわね」

寝床に入って私がそう言うと、

「うふふ、じゃあ、最後に素敵な思い出づくりをしない？」

と、アンナさんが言い、怪しげにほくそ笑みました。

怪訝に思った私が、眉をしかめて彼女のほうを見返したときのことでした。

入口ドアをノックする音が聴こえたかと思うと、アンナさんが相手を確かめることもなく、「はーい」と応えて迎えに出てしまったのです。

彼女に導かれて部屋に入ってきたのは、案の定、例のカレでした。

「ちょ、ちょっとアンナさん、これどういうこと⁉　なんでこの人がここに……？」

私は彼女を詰るように問いかけましたが、彼女はあっけらかんとした口調で、

「だってしょうがないじゃない。カレったら、あなたがいっしょじゃないとヤル気にならないって言うんだもの。ね、紀香さん、いいでしょ？　楽しい旅行の最後の思い出に、三人でエッチしましょ？」

などと答えて、私の神経をさらに逆撫でします。

「冗談じゃないわっ！　私、今から一人で帰るからっ！　あとはどうぞ二人で勝手にやってちょうだい！」

そう言うと、服と荷物を抱えて部屋を出ようとしました。が、すぐにカレに押しとどめられ、行く手を塞がれました。

「ねえ、そんな大人げのないこと言わないで。僕、はっきり言って、あっちのハスッパで淫乱そうな彼女より、真面目で貞淑そうなあなたのほうが好みなんだ。さあ、絶対に後悔はさせないからさ、ね？」

カレはそう言うと、浴衣の襟元から手を忍び込ませ、私の胸に触れてきました。もちろん、もうすっかりリラックスしてブラジャーはつけていません。男のいかつい指が、柔らかい乳房をいやらしく揉みしだき、乳首をコリコリといじくってきました。

「あ、ああっ……やめてっ、だめだったら……！」

私は身をよじってその縛めから逃れようとしましたが、なんとそこにアンナさんまで乱入し、いっしょになって私の体をもてあそび、退路を断とうとするのです。

「ああ、あ、やん！　は、放してぇっ……いやぁぁっ！」

「ほらほら、そんな大声あげると、宿の人が何事かと思って来ちゃいますよ？　大のオトナがこんなとこ見られて、恥ずかしいでしょ？　ね、おとなしくして」

私は何も悪くないのに、なんでそんなこと言われなきゃいけないの？

カレの物言いに矛盾と不満を感じましたが、かと言って、もしこんな痴態を見られたらと思うと、死ぬほど恥ずかしいのは間違いありません。私は思わず委縮して、叫ぼうとした抵抗の言葉をぐっと呑み込んでしまいました。

「そうそう、それでいいんだ。奥さん、いい子だね」

そう言うとカレは、アンナさんと二人して私を布団の上に運び、浴衣を脱がされた私は一糸まとわぬ姿になりました。アンナさんも自分で嬉々として裸になり、カレを手伝ってその裸体を露わにしました。

そこには鍛え抜かれた、たくましい鋼の肉体がありました。

「あ〜〜ん、すてきぃ〜〜〜〜っ！」

アンナさんはヨダレを流さんばかりの勢いで、カレのその裸体にすがりつくと、ペロペロとペニスをしゃぶり始めました。肉体に負けず劣らないたくましさのそれは、アンナさんの淫らな口戯にさらされ、どんどん固く大きく勃起していきました。

「あ〜ん、オチ○ポおいひ〜〜〜〜っ！　んぐ、あぐ、んじゅぶ……」

恍惚の表情で自分のペニスをしゃぶるアンナさんを尻目に、カレは私の性器に顔を寄せ、舌でその肉果をピチャピチャと舐めえぐってきました。最初、一瞬の抵抗を感じたものの、ほぼ初対面の相手に自分の秘部をさらし広げているという恥辱が、今度は逆にえも言われぬ興奮となって身中で爆発し、それは同時にかつて感じたことのない快感の大波となって私に打ちつけました。

「んあっ、あ、ああ……あひぃぃぃっ、あん、あはぁ……」

「ほら、そんな貞淑そうな顔して、ここは熟れすぎた桃みたいにトロトロに甘く蕩けてるよ……ああ、おいしい……最高の味わいだ」

カレの妖しげな物言いがますます昂りを煽り、私の中の理性のタガが外れました。

「ああっ……おねがい、入れてっ……あなたのチン〇ン入れてぇっ！」

　思わずそう懇願する私に、カレは、

「いいけど、ほら、向こうの彼女のほうもちょっとはいい思いさせてあげないとさ。あなたのオマ〇コは僕がいっぱい突いてあげるから、あなたはその間、彼女のオマ〇コ舐めてあげて。いいね？」

　そう言われ、私は躊躇なくアンナさんの股間にむしゃぶりつきました。肉厚の土手に圧倒されながらも必死で食らいつくと、彼女もひいひい言ってヨがりました。

　その様を見て満足した様子のカレは、私の両脚を左右に大きく広げ、中心の秘穴に向かってズブブ……と、すっかり勃起しまくったペニスを沈めてきました。圧倒的な力感が私の内部いっぱいに充満し、私は恐ろしいくらいの官能を覚えていました。

「あっ、ああ、あああん……すご、い……オマ〇コが、チ〇ポでいっぱい……あああっ」

「ああん、紀香さぁん、もっといっぱい舐めてぇ～～～っ！」

　ハッ、とアンナさんへの責めが少しおそろかになっていたことを意識し、改めて彼女のオマ〇コへの口唇愛戯に励みました。

　カレからはガツンガツンと自分のオマ〇コを突かれ、自分ではアンナさんのオマ〇コをペチャペチャジュルジュルと舐めむさぼって……まるで自分が一匹の大きな淫蛇になったかのような感覚に渦巻かれながら、私は大きなオーガズムが迫ってきているのを感じていました。

そして……、

「あっ、ああ、ああ～～～～～～～っ、イク～～～～～～～～～っ！」

私はビクビクと身を跳ね震わせながら、絶頂に達してしまいました。

その後、カレはアンナさんにも挿入してあげて、さんざん悦ばせてあげたようです。

「どう、最高にキモチよかったでしょ？」

「ええ、まあ……そうね」

帰りの電車の中でアンナさんとそんな会話を交わしながら、実はこっそり例のカレと携帯メアドの交換をしたことは彼女には内緒にしていました。

いつかひとり旅できる日がくるかしら？

■アタシはパンツをベロンと剝いて引っ張り出したGさんのモノをパクっと咥え……

アイドルになりたいアタシのマル秘セックス面談

投稿者　木佐彩美（仮名）／21歳／アルバイト

アタシ、一年前くらいに芸能事務所のオーディションに受かって、それからアルバイトしながらデビューを目指して、歌や踊りのレッスンに励む毎日なんだけど、最近ついに希望の光が見えてきたの！

けっこう人気のアイドルグループをいくつもデビューさせて成功させてる、この業界ではちょっと有名なプロデューサーのGさんがアタシに目ぇつけて、今度デビューさせる予定の五人組グループのメンバーの一人に加えたいと思ってるって、事務所の社長に言ってきたんだって。

「えーっ、あのGさんに認められたんですかーっ！」

アタシ、それはもう嬉しくて、飛び跳ねて喜んじゃったんだけど、

「あ、まだ決定じゃないからね。最終的にGさんとの一対一の適性ジャッジ面談を経て、それにパスしてようやく本決まりだから。まあ、Gさんのいつものパターンだな」

「……はあ、適性ジャッジ……面談……ですかぁ？」

「そ。これに通った暁には、Gさんの全面的バックアップで、デビューどころか、その後のスター街道だって約束されたも同然っていう、この業界における約束手形みたいなもんだな。……ただし、通らなかったら、Gさんの息のかかった芸能関係者からは総スカンを食らうことになっちまうっていう、マジ『生きるか、死ぬか』の運命の分かれ道だからね。さあ、どうする？　受ける？　受けない？」

ちょっとビビるくらいシリアスな口調で社長にそう聞かれて、一瞬固まっちゃったアタシだけど……もちろん、最後には、

「はいっ、受けます！　その、適性ナントカ面談、受けさせてくださいっ！」

って答えてた。

だってずっと、アイドルに……スターになりたくって、今までがんばってきたんだもん。ここで受けないっていう選択肢はないでしょ！

三日後、その適正ジャッジ面談の日。

アタシは指定されたビルの一室に一人で向かった。呼び鈴を押して、スピーカーから聞こえた向こうの尋ねる声に名乗ると、ドアが開いてGさんが現れた。

わあ、あの、テレビとかにもちょくちょく出てる、本物のGさんだ！

アタシはちょっと感動しながら、Gさんに室内へ案内され、最初に通された事務所っぽい部屋で、まずあれこれと質問を受け、一生懸命それに答えてった。で、それが三十分くらい続いたあと、Gさんが言った。

「うん、キミの素養や気概については、だいたいわかった。なかなかいいんじゃないかな。さあ、あとは……覚悟、かな？」

「覚悟……ですか？」

アタシが意外な言葉にきょとんとしていると、Gさんは席を立って歩きだし、もう一つある部屋へついてくるように言った。

で、ドアが開けられたその部屋は……真ん中にデン、と大きなベッドが置かれただけの寝室（?）だった。

いやもう、さすがにニブいアタシでもわかったわ、この面談の目的が。

Gさんは一瞬固まっているアタシに向かって、少し笑って見せると、

「覚悟……見せてくれるよね？　さあ、脱いで」

と言い、さっさと自分も服を脱いでパンツ一丁の姿になってベッドに上がった。

さあ、アタシ、最後の分岐点だ。

脱ぐ？　脱がない？　ベッドに上がる？　上がらない？

ちょっとだけ葛藤したあと……パンティ一枚だけの格好になって、ベッドに上がった。Gさんが満足そうな笑みを見せ、アタシの首筋に舌を這わせながら言う。

「言っておくけど、これは単にボクの欲望を満足させるためだけにするんじゃないからね。この先、アイドルとしてキミがこの世界でやっていくためには、いろんなつらく苦しいことを乗り越えていかなくちゃならない。ボクなんかよりもっと気色の悪いジジイに抱かれなくちゃならないかもしれない。そんな幾多の試練に耐えられるかどうかを見極めるため、そのための覚悟があるかどうかを見せてもらうためだからね」

あ〜もう、ごちゃごちゃうるさいなあー！　そんなゴタクはもういいよー。

さすがのアタシだって、この期に及んでどんなもっともらしいこと言おうが、要は若い女のカラダを抱きたいだけだってことぐらい、わかってるよー！

アタシはそんなプリプリ気分を込めて、自分から大胆にGさんの唇に唇を重ね、舌をからませてディープキスしていった。レロレロ、ジュルジュルと唾を啜り上げて、裸の胸をギューッと押しつけながらクネクネとうごめかす。

「……んむ、うぐ……おお、いいねぇ、キミの覚悟、ビンビン伝わってくるよ。ほら、ボクのこっちももうビンビンだ！」

ああ、も〜っ、オヤジギャグ禁止！

目の色を変えて生オッパイをねぶり回してくるGさんにかまわず、アタシはパンツの上からそのツッパリを撫で回し、袋の部分辺りをコネコネと揉み回しちゃう。

「うふぅ～っ……いい、いいよ……さあ、早くしゃぶって！　キミのその可愛くてセクシーな口でボクのチ○ポ、思いっきり舐め回してっ！」

アタシはGさんの要望に応えるべく、仰向けになったその上に逆さまの格好で覆いかぶさると、シックスナインの体勢になった。そしてパンツをベロンと剝いて引っ張り出したGさんのモノをパクっと咥え込んだ。

「お、おおっ……うう、キミ、上手だねえ……！」

そりゃそうでしょう。

気の多いアタシは、実はこれまで十人は下らない相手とつきあってきて、その間に磨きぬいたHテクにはそれ相応の自信があるのよね。

Gさんの亀頭のくびれ部分にネットリと舌先をからませてニュルニュルとうごめかせ、オシッコの出る穴をツンツン、グリグリとほじくり回して……、

「あうぅ……あっ、はう、ううう～～～……」

いきり立った竿の裏筋にツツツツーッと這わせ、玉袋を口内に含んでグジュグジュ、コロコロと吸い転がして……、

「うおぉっ、あう……くはっ……」

Gさんもアタシのフェラテクにさんざん喘ぎながら、パンティを剝いてこっちのアソコを舐めしゃぶってきた。もうある程度濡れてた肉ひだを引っ掻き回されて、アタシのほうだってそれなりに感じちゃう。

「んあぁ……はぁ、あ、あん……あ〜〜〜ん……」

そして……合体！

Gさんは五分ほどピストンした果てに、AVばりにアタシのオッパイ目がけて射精して、アタシも一回はイかせてもらった。

こうしてアタシの適性ジャッジ面談は無事終わり、めでたく合格！

今年中には、大物アーティストからの楽曲提供を受けてデビュー予定です。

え、何ていう五人組グループかって？

それはご想像にお任せしま〜す！

■店長はガチガチに勃起している巨チンを私のアソコにあてがい、ヌルヌルとこすり……

オトコ日照りの肉体を店長の巨チンで貫かれて！

投稿者　吉野未央（仮名）／34歳／アルバイト

ほんと、私ってツいてません。

長い独身生活に別れを告げて、昨年結婚したばかりだっていうのに、それから一年も経たずして、夫を事故で亡くしてしまったんです。

そう、今、三十四歳の身空で未亡人というわけです。

まあ、不幸中の幸いといっていいかどうかわかりませんが、正直、死んだ夫のことをそれほど愛してるっていうわけでもなかったので、心の痛手が小さくてすんだのが唯一の救いでしょうか。彼は学生時代からの腐れ縁で、それまで二人して独身でいい加減周囲から、そろそろなんとかしろよと言われすぎたのもあって、じゃあ私たち結婚しちゃおうか……みたいな経緯だったんです。

もちろん、悲しくないことはありませんが、それは一生のパートナーを亡くした絶望的な喪失感というのとは、やはりちょっと違っていて……。

なので私は精神的には比較的早くに立ち直り、夫の保険金はありましたがそれになるべく手をつけることのないよう、近所のフラワーショップでアルバイトの仕事を始めたんです。

それから一ヶ月後、そろそろ仕事にも馴れ、他のスタッフとも気心が知れてきたかなと思える頃、私はひどい風邪をひいて仕事に行けなくなってしまいました。すると皆私の欠けた分を進んでフォローしてくれて、店長からも「無理しないで、よくなるまでゆっくり休んでいいからね」と言われ、収入がその分削られるのはちょっと痛かったけど、まずは体のことが一番と、お言葉に甘えることにしました。

そして休んで二日目、かなりよくなってはきましたが、まだちょっと体がふらつく感じがあるので、大事をとってベッドに入っていたときのことでした。明日にはなんとか出勤したいなあと思っている私の意識を、玄関チャイムの音がさえぎったんです。

そして、安普請のごく普通の1DKの間取りの私のアパートは、玄関ドアの向こう側で呼ばわる訪問者の声が余裕で聞こえてきました。

「吉野さーん、大丈夫ぅ？　僕、北村ー。心配だったんでちょっと様子見に来ちゃったぁ。明日あたり出て来れそうかなあ？」

店長でした。

ここを知らないはずですが、きっと履歴書に書かれた住所を頼りに訪ねてきたのでしょう。私は「マジか⁉」と若干引きつつも、対応せざるを得ませんでした。

「ああ、ご心配いただき、ありがとうございます。だいぶよくなってきたんで、たぶん明日には大丈夫かと……」

ドアを開けてそう答えつつ、当然「ちょっとお茶でも飲んで行かれませんか？」という社交辞令を言わないわけにはいきませんでしたが、なんと店長は遠慮することなく、「そう？　じゃあちょっとだけ」と言い、部屋に上がり込んできました。

仕方なく私は、まだちょっとふらつく体で踏ん張りながら、店長が持参してきたデザートゼリーを開けつつ、コーヒーの用意をしたのでした。

そしてしばらく他愛のない話しをしていたのですが、そのうち店長が妙なことを言ってきたんです。

「吉野さん、まだ新婚で未亡人になっちゃったんだったよね？　大変だったねえ……」

「……はあ、まあ……」

私がちょっと怪訝な思いで受け答えしていると、ついに……！

「それでさあ、あっちのほうは大丈夫？　その……ダンナさんが急に亡くなっちゃって……オトコが欲しくなったりしない？」

店長の思わぬ発言に私はびっくりしてしまいました。

「……な、なに言いだすんですか！　し、失礼な……私はそんな……」

憤然として店長のことをにらみつけましたが、店長ときたら、いかにもいやらしい笑みを顔に浮かべながら、

「ふふ、そんな意地張らなくたっていいんだよ？　僕こう見えてもさ、アッチのほうにはけっこう自信があるんだ。きっと吉野さんの溜まった欲求不満をスッキリ解消してあげられると思うんだよね……ふふ……」

と言うと、ずいっと私のほうににじり寄り、そのままがばっと床の上に押し倒してきたんです！　そして、パジャマにカーディガンを羽織った無防備な私の体をまさぐり回してきて。

「ちょ、ちょっと、や、やめてくださいっ……て、店長……っ」

なんとか抵抗しようとした私でしたが、まだ万全でない体には満足に力が入らず、大声をあげることも、なんだか恥ずかしくてご近所さんたちにははばかられ……そうこうするうちにカーディガンを脱がされ、ボタンを外してパジャマの前をはだけられて裸の胸を剝き出しにされてしまいました。

「ああ、やっぱり思ったとおり、いいオッパイしてるね、吉野さん……初めてきみを面接で見たときから、一度でいいから生オッパイを拝んでみたいと思ってたんだ」

店長はそう言うと、胸を揉みしだきながら、チュウチュウと乳首を吸ってきました。

思わず電流のような衝撃が走りました。

それはもう想像を絶するカイカンの奔流だったんです。

そう、私は気持ちの上では日々生きるのに必死で、まさかとは思いましたが、実はカラダのほうは、夫が死んだことによる長い性生活の喪失によって欲求不満を溜め込み、セックスの快感に飢えていたんです。

「あっ、ああ……あふん、んふぅ……」

たまらず甘ったるい喘ぎが喉からこぼれてしまいました。

「ほうら、やっぱり……！　気持ちいいんだろ、吉野さん？　今日は僕のよ～く効くぶっとい注射を打ってあげるからね。風邪なんか吹っ飛んじゃうよ」

店長はそう言って私の股間に手を突っ込むと、オッパイを吸い舐めながら同時にアソコをクチュクチュといじくってきました。自分でもすぐに溢れ、濡れてきてしまうのがわかりました。

「ああん、はぁ、あ……んあぁっ……」

「ほおら、あっという間にトロトロのグチョグチョだあっ！」

店長はパジャマズボンとパンティを脱がせて、私の下半身を裸に剝くと、その一番恥ずかしい部分に、すでにガチガチに硬く大きく勃起している巨チンをあてがい、ヌルヌルとこすり動かしてきました。

「……はっ、っあぁぁ……」

もうそれだけで、たまらないエクスタシーが……！

そしてそのままズルリ……と、巨チンが私の濡れ濡れワレメちゃんに入り込み、ゆっくりと抜き差しを始め、やがてそれは徐々にスピードと深度を増していって。

「んあっ、はぁっ、あ、あうぅ……」

「おあぁっ、吉野さん、とってもいい具合だよぉ！」

「あっ、あっ、あっ……もうダメ、イク、イクゥ……！」

「……んぐっ、んっ……！」

次の瞬間、店長はたっぷりと私のお腹の上に膣外射精して、私もチョー久しぶりのオーガズムに、もう恍惚状態でした。

それ以来、店長とセフレ関係にある私なんです。

第三章

沸き立つ欲求不満に喘いで

■時折、チカンの何本かの指がお尻の割れ目部分をえぐり、食い込むように動いて……

満員電車チカンのおかげでまさかの欲求不満解消？

投稿者 鹿野ユイ（仮名）／30歳／OL

前日の夜、夫とつまらないことでケンカしちゃったもんだから、今朝は気分がムシャクシャ、お互いに目も合わせず一言も口をきかないまま、それぞれ家を出て勤めに向かっちゃった。

通勤電車に乗るため駅に向かう道すがら、やっと冷静になってきてムシャクシャ気分は収まってきたんだけど、もうひとつのモヤモヤのほうは強くなってくる一方……え、それは何かって？

え～と、お恥ずかしい話……それは、欲求不満。

実は昨日の夜って、私たち夫婦の間で取り決めた、月イチのエッチの日だったんです。基本、うちはカラダの相性がいいこともあって、夫婦仲はまあまあ。なので正直、私はこの月イチのエッチの日をけっこう楽しみにしてたんですよね。それなのに思わぬアクシデントのおかげでそれがお預けになっちゃったもんだから……こう、カラダの奥のほう、っていうか、お股の奥のほうがなんだかモヤモヤ、ムラムラ、ズキズキしちゃって……というわけなんです、はい。

結局、いつもの満員電車に乗り込んだあとそのモヤモヤは収まらず、なんだかたまらない私の気持ちは、ますますエスカレートしちゃう一方。

すると、すし詰めの乗客の波に押し流されるままに、私は奥のドア脇のほうへと体を運ばれ、縦に設置されている金属の手すり棒に正面から密着する形になりました。

（……あ……）

瞬間、えも言われぬ甘い衝撃が走り、私は思わず心の中で喘いでしまいました。

その日、私は下はジーンズに、上はタンクトップに白シャツを羽織ったスタイルだったんだけど、ちょうどそのジーンズの股間部分が、手すり棒に縦に食い込む形になって……悶々としていた性感を刺激されちゃったっていうわけです。

（ううん、きもちいい……こりゃたまんないわあ……）

こうなると、私の体内エロ度数は上がりまくる一方で、もうどうにも止まらない……多少はまわりの目を気にしつつも、腰をくねらせ、自分から股間部分をグリグリと手すり棒に押しつけていって……。

（あふ、んふぅ……ん、んん、くふぅ……）

まさかの満員電車内オナニープレイに、そのまま没入していっちゃったんです。

(ああ、だめよ、あんまり激しく動いちゃあ……まわりの人にばれちゃうじゃない……で、でも、止まらない……)

硬い金属の棒の刺激のおかげで、パンティの中がグチョグチョに濡れていくのが、いやでもわかります。私はさらに胸の乳首部分も手すり棒に触れさせ、よりたくさんの快感をむさぼろうとしちゃってました。我ながらとんだ淫乱女だと思うけど、カラダが求めるもの、否定するわけにはいかないもん。

でも、次の瞬間、思わぬ事態が起こりました。

お尻がさわさわと撫で回される感触が……!

え、ええっ……まさかこのタイミングで、チカン……⁉

驚いて首を回して背後を見やると、五十歳くらいの脂っぽい中年サラリーマンがぴったりと身を寄せ、ニヤついた目で見返してきました。私は自分のことは棚に上げ、非難するような視線を送ったんだけど、案の定、向こうはすべてお見通しでした。

「そんな目で見たって、ダメダメ。あなた、その手すり棒使ってイケナイことしてたでしょ？　こっちはみんな見てたんだよ～？　この際、もっと気持ちよくしてあげるからさ、いっしょに楽しもうよ、ね？」

私の耳元に口を寄せ、熱い息をうなじに吹きかけながら、そう囁いてきたんです。私はカーッと顔が熱くなるのを自覚すると同時に、否定しがたい興奮を覚えていました。

（もっと気持ちよくしてあげるから……）

相手の囁きが淫靡なこだまとなってガンガンと私の頭の中に鳴り響き、同時に体中が熱くなると、心拍数が上がってきて……。

そのまま何も言えないでいる私が、自分の誘いに同意したものと判断したのでしょう。チカンはお尻を撫で回していた手にさらに力を加え、今度はムニュムニュと尻肉を揉みたてるようにして、より強い刺激を送り込んできました。時折、何本かの指がお尻の割れ目部分をえぐり、食い込むように動いてきて、そのたびに身震いするような快感が全身を走り抜けました。

「はぁはぁはぁ、はぁ、はぁ、はぁ……」

自然と息が荒くなり、顔に汗が噴き出してきました。もうなんだか今にも腰が砕けそうです。

すると、チカンはそうやってお尻まわりを責め立てながら、さらに空いているほうの手を前方に回りこませ、白シャツをかいくぐり、タンクトップの上から私の乳首部分を探り当てると、キュウキュウと揉み込んできました。今日は胸のラインがきれいに自然に見えるように、いわゆる普通のかっちりしたブラではなく薄く柔らかい材質のものをつけていたので、その刺激は限りなくダイレクトで……、

「んくっ……ふうっ、うぐっ！」

自制する間もなく、喘ぎ声が口をついて出てしまいました。

「しーっ……まわりにバレちゃうよ？　抑えて抑えて」

すぐにチカンにたしなめられ、私は必死で口を閉じました。

「そうそう、いい子だね。じゃあ、おじさん、もう降りなきゃいけないから、そろそろ終わりにしようか？　イってもいいけど、くれぐれも静かに、ね？」

チカンおじさんはそう言うと、後ろからぐっと体重をかけてきて、おかげで私の股間は一段ときつく手すり棒に押しつけられ、食い込まされました。

（……んんっ、んはっ……！）

思わず心中でそう喘ぎながら、私はお尻に硬い塊が押しつけられてくるのを感じました。硬いだけではなく恐ろしく熱いそれは、もちろんチカンの下腹部……それがゴリゴリと臀部をえぐり、私の性感を煽ってきて……私は無意識に手すり棒に押しつける力を強くして、より深く淫らに自分でアソコを責めたてていたんです。

（……んくっ、あはっ、はぁ……あんっ……）

「ほらほら、気持ちいいだろ？　おじさんもすごくいいよ……」

まるで耳朶をねぶり回すかのような勢いで熱く囁かれ、私はひたすら昂っていってしまいました。

……そして、

「んくっ、ふう、んんっ……んくふぅっ……」

とうとうガマンすることができず、私は喘ぎをこぼしながら、フィニッシュしちゃったんです。

それからほどなく電車が停まり、チカンおじさんはそそくさと降りていきました。

今までチカンなんてイヤでイヤでしょうがなかったけど、この日だけは、私の欲求不満を解消させてくれてありがとう、と感謝したいような気持ちでしたね。

■彼女は湯船の中にひざまずき、手を伸ばして僕の股間をまさぐってきて……

魅惑の美人女将の肉体に溺れた一夜の桃源郷

投稿者 熊田篤（仮名）／39歳／フリーライター

僕がその宿に泊まったのは、まったくの偶然であり、行き当たりばったりでした。

僕は今、五年前に勤めていた出版社を辞めて以降、そこが出している月刊の実話雑誌の編集部から、都度さまざまなネタについて依頼を受け、その取材記事を書くという、いわゆるフリーライターの仕事をしているのですが、そのときの依頼もいつも同様、いきなりでした。

「今からすぐ、○○まで行ってインタビューとってきてくれないかなあ。編集部で取材相手にアポをとったはいいものの、今日の夕方四時から六時までしか時間がとれないっていうんだ。な、頼むよ、熊ちゃん」

勝手知ったる編集部員の彼はそう気安く言い、もちろん僕も、妻子を養っていくために、ほぼどんな小さな仕事も断ることはありません。電車賃はもちろん、予算以内なら宿代も出るということなので、僕は二つ返事で引き受け、それから一時間半後、いつもの要領で手早く取材準備を整えると東京駅へ向かい、目的地までの二時間の旅程を行くべく、新幹線に乗ったのです。

そして夕方の六時すぎ、インタビュー取材は思いのほか順調に進み、なかなかいい取れ高になったという、確かな手応えがありました。今晩中におおまかに内容の要点をまとめ、本チャンの執筆は明日東京に戻って編集部内にあるデスクでやらせてもらうつもりでしたが、ここで思わぬ事態が起こりました。

事前に予約していたビジネスホテル側の手違いで、そこに泊まれなくなってしまったのです。慌てて他の宿を探しましたがどこも満室で、さて困ったぞ、と思っていると、最後に当たったホテルのフロント係の男性が、知り合いが小さな旅館をやっているのだけど、そこなら空いているかもと言うので、藁にもすがる思いで聞いてみてもらいました。なんでもそこは知り合いの紹介でしか泊まり客をとらず、ネット等の案内には一切載っていないということでした。

結果はなんとかＯＫ。先のフロント係の男性が根気よく説得してくれたようです。私は彼に何度も礼を言い、教えられたとおり、街はずれの雑木林の先にひっそりとたたずむ、その小さな旅館へと行き着くことができたのです。

その古びた旅館で出迎えてくれたのは、年の頃は僕と同じ四十前後、えも言われぬ憂い顔がなんとも魅力的な美人女将でした。和服の襟元からすらりと伸びた細く白いうなじがこれまた艶めかしく、でもその下の肉体は打って変わって豊満な様子が、程よく力感のある着物姿の端々から窺い知ることができました。

僕は一瞬、よからぬ妄想とあわよくばという淡い期待を抱き、彼女の全身を舐めるように見てしまいましたが、そんな僕の不埒な本意を知ってか知らずか、その対応はけんもほろろでした。一応、言葉づかいは丁寧で、あれこれと宿の説明をしてくれましたが、それとは裏腹に全身から醸し出す雰囲気はひたすらよそよそしく……明らかに僕のことを撥ねつけんばかりの拒絶感に満ち満ちていたのです。

「はあ、こりゃまったくもって脈なしだな。やれやれ……」

僕は苦笑しながら、案内された部屋に通され、用意された夕食をいただきました。例の記事のまとめ作業があるので、アルコールは入れませんでした。

そして、夜の十時には閉めるというので、せっかくだし風呂に入るかと浴場に向かいました。そこはこじんまりとした、でも隅々まできれいに掃除の行き届いた気持ちのいい設備で、僕は洗い場で体を洗ったあと、ゆったりと湯船に身を沈めました。

「あ〜〜〜っ、生き返る〜〜……きもちいい〜〜」

思わずそう声をあげながら、うっとりと目を閉じました。すると、そのままついうとうとしてしまい……が、すぐ間近で湯船の波が小さからず動き変化するのを感じ、はっと目を開けて周囲の状況を窺いました。

そこで僕は驚き、我が目を疑いました。

なんと湯船の中に身を沈めた僕のすぐ目の前、女将が一糸まとわぬ姿で、膝から下辺りはお湯の中にあって見えないものの、濃く茂ったくさむらをさらしながら立ちはだかっていたのです。僕の見立てに狂いはなく、その肉体は全体的にスレンダーながら、乳房はたっぷりと豊かで腰つきは柔らかな丸みを帯び、思わず生唾ものの魅力に満ちていました。

「……あ……」

そんなマヌケな声をあげながら見上げる僕に妖艶な笑みを返すと、彼女は湯船の中にひざまずき、手を伸ばして僕の股間をまさぐってきました。僕はもう蛇ににらまれた蛙のように声も出せず身動きもできず、ただ彼女にされるがまま。温かいお湯の中、しなやかな指づかいでゆっくりとペニスをしごかれ、玉袋を揉み転がされているうちに、見る見るそれは固く大きく張り詰めていき、完全勃起した身をビク、ビクンと震わせました。

すると女将は僕を湯船の縁に座らせ、先端から湯をしたたらせながら屹立しているペニスを、その色っぽく厚ぼったい唇で咥え込みました。そして上目遣いに僕の方を見上げながら、ゆっくり、じっくり、濃厚に……しゃぶってきたのです。

「……うっ、く、うう……」

湯船に半分ほど顔を出してたゆたう、その白くて丸い乳房の淫靡すぎるエロティックさの刺激とあいまって、僕はあっという間に兆してきてしまいました。ビンビンに立ち上がった竿の内部で、グングンと熱い液体がせり上がってくるのを感じ……、

「あ、ああっ！　で、出るっ……！」

勢いよく女将の口内に放出すると、彼女はそれを一滴たりともこぼすまいと唇を堅くすぼめ、ごくごくと飲み下しました。

「ふふ、あぶない、あぶない……お湯を汚しちゃうとこだったわ。それにしてもいっぱい出したわね。ごちそうさま」

「……あ、あのっ……」

僕がしゃべろうとするのを制し、彼女は手をとると僕を立たせ、そのまま湯船を出て、濡れた体を拭いてくれました。そして自分の体もそうすると、お互いに裸のまま浴場を出て、廊下を歩き始めました。驚く僕にこう言いました。

「大丈夫よ。この時間は板さんも仲居さんも家に帰って、ここにいるのは私とあなた

の二人だけだから。さあ、部屋へ行きましょ？」

先ほどとは真逆にごく親密な口調でそう言う彼女に、僕はあっけにとられながらもただ従うしかありませんでした。

そのまま部屋に戻ると、そこにはすでにもう布団が敷いてありました。その上へ僕を導き、二人寝床へ入りながら、女将は言いました。

「さっきいっぱい出したばっかりだけど、まだできるよね？　あなた、精力絶倫そうな顔してるもの」

そして舌なめずりしながら、もう一度僕の性器をしゃぶってきました。彼女の言うとおり、僕のそれはすぐにまた平然と反応し、あっという間にガチガチに硬く勃起しました。

「うふふ、私の見立てどおり。今度は私がたっぷり楽しませてもらう番よ」

女将は艶笑しながらそう言うと、仰向けに横たわらせた僕の上にまたがり、ペニスに手を添えて直立させながら、そこに自らの女性器を沈み込ませていきました。温かく柔らかい肉ひだに呑み込まれた僕のペニスは、彼女が腰を振り、僕の上でユサユサと上下動するたびに、その蕩けるような快感に再び何度も破裂しそうになりました。でも、そのたびに様子を察した女将にたしなめられます。

「ああん、だめ、だめよ……まだ出しちゃだめ！　今度は私のことイかせてくれなくちゃイヤ！　あっ、ああ……あぁん……！」

僕は必死で放出をこらえながら、無我夢中で何度も下から腰を突き上げ、彼女の肉壺をえぐり倒しました。

「ああっ、そう、いいわ……いいっ！　私も……イキそう……」

「んんっ……んく、うう……ああ、ま、また……出るぅっ！」

「あ、ああ……あああぁ～～～～～～っ！」

僕は女将の胎内に精液を注ぎ込み、それを受けて彼女のほうも背をのけ反らせて喘ぎ悶え……とうとうぐったりと倒れ伏しました。

「ごめんなさいね。普段ならこんなことしないんだけど、あなたのこと、一目見て気に入っちゃったものだから……最高の夜だったわ」

翌朝、そう言う女将に見送られながら宿をあとにしつつ、僕は再びここを訪れることができるように心の中で願っていました。

■アタシはパンティを脱ぐと、悠くんの上に覆いかぶさって彼の勃起チ○ポを……

半年間の禁欲性活の果てに淫乱大爆発のアタシ！

投稿者　信濃明菜（仮名）／20歳／専門学校生

その日、アタシは朝からもうずっとテンション上がりっぱなしだった。

だって、大好きな悠くん（二十四歳）が九州への長期出張からやっと帰ってくるんだもん！　これが平静でいられますかって話。

なんたって半年よ、半年！　アタシと悠くんが離れ離れになってたの。

その間、早く悠くんとエッチしたくって、もう毎日ムラムラ、ウズウズしっぱなし！

でも、あちこちから襲いかかる誘惑の魔手をなんとかしのぎきって（ほら、アタシって可愛くてカラダもイケてるからモテるじゃん？）、大好きな悠くんのためにオナニーだけで必死にガマンしてたわけ。

も〜〜、今日はたまりにたまった半年分、悠くんのチ○ポがちぎれちゃうくらい、ヤリまくってやるんだから！

ところが！

帰りの飛行機が着き、空港から直接アタシのアパートにやってきてくれた悠くんは、なんと一人じゃなかった……。

「ごめんな、明菜。いきなりこんな……こいつ、同じ東京本社から向こうに行ってた後輩の佐藤。任期明けが同時だったんで、いっしょに帰ってきたんだけど、こいつ、実家の都合で今日、帰るところがなくって……すまん、今夜一晩だけ泊めてやってくれないか？　な、頼むよ」

マ、マジですか？

せっかく今日、ヤル気満々でアソコを濡らしまくってたっていうのに、まさかのこんなオジャマ虫が！

アタシのショックと落胆は、そりゃもうハンパなもんじゃなかったけど、大好きな悠くんに、あの子犬のようにつぶらな瞳でそう頼まれたら、もちろん、断ることなんかできやしませんって。

アタシはなんとか昂りまくってた心とカラダを抑えつけて、佐藤くんを泊めてあげることをOKした。待ちに待った半年ぶりエッチは明日以降に持ち越し……まあ、しょうがないもんね。

とにかく、二人ともお勤めご苦労様ってことで、アタシたちは缶ビールやツマミをたっぷり買い込んできて、慰労会を開くことに。佐藤くんは見た目はちょっと地味なかんじだったけど、適度にアルコールが入って打ち解けてくると、話しが面白くてなかなかにぎやかで楽しいヤツで大いに盛り上がり、アタシもその間、ついさっきまで爆発せんばかりだった不平不満を、しばし忘れることができた。

そして夜中の十二時を回り、アタシは学校が、悠くんも佐藤くんも会社があるっていうことで、そろそろ慰労会はお開きにして、皆休むことに。

当然、アタシと悠くんはアタシのベッドで、佐藤くんはリビングの床に来客用のマットレスを敷いて寝ることになったんだけど、ま、なんてったってうち、1Kなもんで激セマなわけよ。アタシと悠くんが寝てるとこから佐藤くんのとこまで、ほんの1メートルくらいしか離れてないわけで、ヘタなことすればお互いにもう筒抜け状態。ね、だから当然、いくらヤル気満々でも、普通に考えたらエッチできるような状況じゃないわけよ、これが。

ところが自分でも信じられないことに、アタシのエッチしたいテンションと欲求不満の溜まりっぷりは、やっぱり普通じゃなかった！

ピンクのキャミソールにパンティだけという格好で、Tシャツとボクサーショーツだけの姿の悠くんとベッドの中に入り、しばらくはそのまま寝ようとしてたんだけど、スヤスヤと佐藤君の寝息が聞こえてきた途端、急激にそれまで抑えつけてたムラムラとウズウズが湧き起こってきて……！

するると、掛け布団をかぶった中で、今まさに悠くんの肌に触れてるアタシの皮膚がびっくりするくらいに熱を持ち、カッカッと火照り始めちゃって。と同時に、さほど暑くないのにじっとりと全身が汗ばんできて……。

（ああ、ヤバイヤバイ……きてるよ、きてるよ……）

当然、自分が今どういう状態か、自分でわかるわけで。

（あ～～～っ、完全淫乱モードに入ってきちゃったよ～～～……）

こうなると、もう自分で自分を止められない。

キャミソールの下で乳首は痛いほどツンツンと突き立ち、ほんの少し身動きした衣擦れの感触だけで、電気が走ったみたいに刺激が駆け抜ける。

（あっ、あ、ああん……んふぅ……）

そしてパンティの下では、茂みが薄いゆえに余計にエロい見た目の肉のワレメが、ジュクジュクと汁気をたたえてきて、指で触れてもいないのにさらにどっとジュースを溢れさせ、ズキンズキンと疼き甘い感触で蕩けてきちゃう。

（んあっ、あ、あふ……だ、だめ、こんなのガマンできないよぉ……）

アタシは高まり続ける自分の淫乱テンションをもう抑えつけることができず、とうとうアクションを起こしちゃってた。

悠くんの股間に手を伸ばし、ボクサーショーツの中に突っ込むと、オチ○チンを摑み、いじくり始めて……。

「お、おい、明菜……何やって……だ、だめだって……」

悠くんは慌てて、声をひそめてアタシの行為をやめさせようとするんだけど、そんなふるまいとは裏腹に、オチ○チンは刺激に応えて固くなり始めてて。

「あぁん、そんなこと言って……悠くんのだってこんなじゃない？　だめだよお、アタシ、やっぱりガマンできないよお……」

アタシは問答無用でゴソゴソと掛け布団の中に潜り込むと、悠くんのボクサーショーツをぐいっと引きずり下ろし、すでに半分ほど勃起したオチ○チンをパクッと咥え込み、ピチャピチャ、ジュルジュルとしゃぶり始めた。

「……こ、こらっ、だめだって……ああっ……」

とか言いつつ、悠くんのはあっという間にカチンコチンに完全勃起して。

もう限界っ！

アタシは自分でパンティを脱ぐと、悠くんの上に覆いかぶさって彼の勃起チ○ポをワレメの中にぐいぐいと呑み込んでいって……ああ、これよ、これ！　この固くて太い感触が欲しかったのよぉ！

「ああ、いいっ……んあっ！　はぁっ……」

「う、うう……あ、明菜ぁ……んくっ！」

いつの間にか、悠くんも下からアタシのこと突き上げてた。そして奥へ奥へガンガン突きまくった挙句、

「んんっ！　くふぅ……あ、あぁぁ……」

「あん、あん……イ、イク……！」

アタシは胎内に噴き出した、たっぷりの熱い悠くんの体液を感じてた。

そうやって、とりあえずお互いに満足したアタシたちは、恐る恐る佐藤くんのほうを窺ったけど、なかなかの大物らしく全然起きるような様子はなく、ホッと一安心。

それにしても、こんな慌ただしく落ち着きのない短い時間のエッチだったけど、今までしたどのエッチよりも気持ちよかったような気がするのは……なんでかな？

■美樹は私の下半身のほうに手を伸ばし、股間の茂みをさらに派手に泡立てながら……

青春の再会は女同士の淫液にまみれて

投稿者　設楽環奈（仮名）／28歳／パート主婦

私は今結婚して地元を離れ、夫と二人、他県で暮らしているのですが、半月ほど前、中・高といっしょだった地元の友人、美樹が家に泊まりに来ることになりました。彼女はまだ独身なのですが、こちらのほうで営業の仕事があり、せっかくだから旧交を温め合おう、ちょうどよくうちの夫もその日出張で家を空ける予定だったので、どうせなら気兼ねなく泊まっていきなさいよと。

美樹とはけっこう仲がよかったものの、再会するのは高校卒業以来もう十年ぶりということもあって、私はその日をとても楽しみにしていました。

そして当日、昼間の仕事を終えて夜の七時頃、うちへやってきた彼女は、昔のちょっとやぼったい印象の見た目とは様変わりし、とてもきれいでセクシーなキャリアウーマンになっていました。

「それにしても美樹ったら、ほんとチョーきれいになっちゃって……さぞかしモテるんじゃない？　仕事のほうも順調みたいだし、もうブイブイね！　……あ、ブイブイだなんて、ちょっと古いか？（笑）」

手ずからの料理とお酒が並んだダイニングテーブルに彼女を座らせながら、私が少し冗談めかしてそう言うと、彼女は、

「うん、まあ仕事はぼちぼちね……でも、もう一コのほうは全然。モテるどころか、そんな相手もいなくて、ひたすらおひとりさま街道驀進中よ。あ〜、人生不毛……」

などと答え、私は笑いながら、

「またまたあ！　理想が高すぎるんじゃないの？　だめだよ、適当なところで手を打っておかないと、あっという間に時期を逸しちゃうからね」

なんて言いながら、用意していたとっておきのワインを彼女に注いであげました。

そしてお互いにグラスを満たすと、

「それじゃあ、十年ぶりの再会にカンパ〜イ！　これからも変わらぬ友情を願って」

カチンと音をたて、二人同時に一杯目を飲み干しました。

そのとき、美樹がちょっとさびしげに、

「……変わらぬ友情……か」

と、つぶやいたのが、ちょっと気にかかったのですが、それからすぐに楽しい思い

出話の花咲くにぎやかな宴会になだれ込んでしまったので、そんな気がかりもほどなく忘れ去っていました。

そしてそれから二時間ちょっとが経過し、時計の針が十時近くを指した頃、私も美樹も相当出来上がり、呂律もよく回らない状態になっていました。

「あ～、もう飲めないわ……ねえ、美樹、もうお開きにしましょ。少し落ち着いてからシャワー浴びて、ゆっくり休んでちょうだい」

「うん、ありがと……」

さらに一時間近くが経過し、やっとアルコールも抜けてきたかなというところで、改めて彼女にシャワーを促すと、まだちょっと危なっかしいので、私に先に入ってと言ってきました。時刻もすでに十一時を回っていたので、私は彼女の言葉を受けて先に浴室へ向かい、服を脱いでシャワーを浴び始めたのでした。

（あ～っ、今日は本当に楽しかった。美樹ったら、見た目は変わっちゃったけど、中身は昔のままなんだもの、うふふ……）

心地よい思いに包まれながら、シャワーの水流に身を任せていた、そのときでした。

ガチャッと浴室のドアが開いて、裸の美樹が入ってきたのは。

「えっ、ええっ⁉　ちょ、ちょっと美樹っ、何やって……？」

「いいじゃん、いいじゃん、女同士、裸のつきあいといこうよ」

まだ酔っぱらってんの？　とあきれながら、ちょっと恥ずかしかったけど、まあいいかと思い直し、

「まったくもう、しょうがないな〜」

と、私たちは狭い浴室でいっしょにシャワーを浴び始めました。

すると美樹が、

「あ、あたし、環奈のカラダ洗ってあげる！」

と言いだし、手にボディシャンプー液をとると、たっぷりと泡立てながら私のカラダに直に塗りたくり始めました。さすがの私もびっくりして、

「あ、いや、ほらそこにボディタオルがあるから、洗ってくれるんならそれで……あ、ちょっと……ねえ……」

と、手で直に洗うのをやめさせようとしたのですが、彼女はかまわず、

「いいの、いいの！　知ってた？　ボディタオルって意外と肌を傷つけるんだよ？　あたし、環奈の綺麗な肌が傷ついちゃうなんてやだなあ」

なんて言いながらやめてくれようとはせず、泡立てた手で直接私のカラダをまさぐり回し続けました。ヌルヌルにまみれた彼女の細くて長い指が、私の乳房に柔らかく

食い込みながら這いずり回り、乳首に引っかかりながら揉み洗ってきます。

「うわ、やっぱ想像どおり、環奈のオッパイって大きいだけじゃなくてすっごく柔らかいね。まるで私の手に吸いつくみたいで、洗ってるこっちのほうが気持ちよくなっちゃそう」

そんなことを言いながら、なんだか目の色が変わってきています。

「……あ、あの、美樹……も、もう十分だよ……んっ、んん……そろそろ出ようよ」

私は彼女の指の動きに翻弄されて、なんだか妖しくへんな気持ちになってきてしまい、あ、これはちょっとヤバイな、と。

「なんでなんで？　まだまだ、もっともっと洗ってあげるよ！　ほら、こっちのほうもちゃんときれいにしないとね」

でも美樹の行為はさらにエスカレートするばかりで、今度は私の下半身のほうに手を伸ばし、股間の茂みをさらに派手に泡立てながら撫で回すと、とうとうその奥、ヴァギナの中にまで指を潜り込ませてきました。そして内部をヌルヌルとえぐり、掻き回してきて……！

「あ、ああっ……だ、だめっ、美樹！　タチの悪い冗談はやめてよっ！　……はあっ、あ、んあうぅ……」

そうとがめながらも、私は思いがけない快楽の洗礼にさらされ、下半身はガクガクになり、今にもくずおれてしまいそう。

するとと美樹が、思いがけないことを言いだしました。

「ううん、冗談なんかじゃないよ！　あたし、環奈のこと、昔からずっと好きだったんだ……ずっと環奈とこういうことしたかったんだ！」

ええっ！？

私はあまりの驚愕の事実に思考停止。

美樹って、そっち系のヒトだったの⁉

そして昔からずっと私のことを狙ってたなんて……！

そう、私から見れば友情でも、彼女にとっては愛情だったのです。

だからあのとき、あんなにさびしそうだったのね。

そう思うと、私の中の何かも変わっていました。

きっと強硬に抵抗すれば、彼女も行為をやめてくれたことでしょう。でも、私はそうはできず、代わりに自分でも意外な行動に出ていました。

自ら彼女のほうに体を預け、抱きしめていたのです。そして、

「美樹、そんな想いをずっと抱えて……つらかったんだね……」

彼女の耳朶に唇を寄せながらそう言うと、

「ああん、環奈ぁっ……だいすき～～～～～～～～っ！」

彼女は泣きながらそう叫ぶと、私に口づけしてきました。

私はシャワーの水流を強めて二人の体をおおった泡を荒い流しながら、それに応え、自分のほうからも舌を差し入れて、彼女の口を激しく吸いました。

「んあっ、はっ、あう……か、環奈ぁ～～～～っ……」

美樹はそう喘ぎながら、グリグリ、ムニュムニュと自分の乳房を私のに押しつけ、淫らにたわませ、脚もからみつかせてくると、お互いの股間がこすれ、肉びらをめくり上げさせながら吸着し合いました。

「あっ、ああ……あ、んあっ……」

女同士の淫肉の接触がもたらす未体験の甘美な感覚に陶酔しながら、私も我を忘れてエクスタシーに没入していきました。

そこで美樹がシャワーのお湯を止めて言いました。

「ねえ、ベッドに行って、もっとちゃんと愛し合いましょ？」

私は無言の笑みで了承の意を伝えると、二人、きれいに洗い流し、拭き乾かした体で、私と夫の寝室へと向かいました。

二人並んで横たわると、あらためてじっくりとキスを交わしました。

そして、女同士でシックスナインの体勢になり、私は美樹からレズビアン・プレイについてのノウハウを教示されながら一生懸命に彼女を愛して。

私たちはお互いのクリトリスを、肉ひだを、膣奥を舐め、吸い、むさぼって、溢れ出る大量の愛液を啜り合いながら口淫の限りを尽くし、数えきれない回数のオーガズムに達したのでした。

翌朝、私たちの別れはとても爽快でした。

彼女は私に対する積年の想いを果たし、私もそれを真正面から受け止めて、なんだか晴れ晴れとした想いだったのです。

きっと、この先もずっと忘れられない思い出になることでしょう。

■私は咥えながら、肉竿の中をグイグイと精液の奔流が昇ってくるかんじを察知して……

週に一本、男性の濃厚なアレが欲しくてたまらない私！

投稿者　船木瑠衣子（仮名）／32歳／専業主婦

週に最低一本はいただかないと、私、生きていけない。

え、何のことかって？

もちろん、男性のアレのこと。

男性のアレを咥えて、しゃぶって、ドピュッと出たのをゴクゴク飲み下して……あのねっとり濃厚なのど越しがたまらないのよねえ。

あ、言っとくけど、夫のは別よ。

結婚前から数えてもう五、六年も飲み続けて、あの味には飽きちゃってるんだもの。やっぱ一本、一本その都度違う、フレッシュな味わいじゃないとね。うふふ。

っていうことで、私、内緒で悪い（笑）知り合いがやってるヌキ専門の風俗店で週に一回、一人だけ、という特別な計らいでバイトさせてもらってるんです。報酬は三千円っていう、子供のお小遣いレベルだけど、これはもう金額の問題じゃなくって、私の淫乱な趣味嗜好を満足させるためなので、全然ノープロブレム！　とにかく、夫以外の男性のアレをしゃぶって、飲んで、その瞬間に私を包み込むエクスタシーが得られれば、他に何もいらないのよ～。

あ、そうこう言ってたら、今週のシフトの時間が近づいてきたわ。早く行かないと遅刻しちゃう。

私は家を自転車で出て、最寄り駅まで向かうと電車に乗り、四駅離れた、まず間違っても知り合いに会ったりしないであろう隣りの市まで行き、そそくさと寂れ気味の繁華街の一郭にある、例の風俗店の従業員用出入り口のドアをくぐりました。更衣室まで行く途中、待ち合いのほうをちらっと窺うと、『昼下がり割引きタイムサービス』目当てのお客さんが三人ばかりいるのが見えました。

さて、あの中の誰が私を指名してくれるのかしら？

この時間、シフト的には私の他にもう一人しか女の子がいないというのもありますが、あと私、こう見えても意外に人気があって評判がよかったりするので、ほぼ指名洩れすることはないんです。

「マコさーん、①番さんご指名でーす。よろしくお願いしまーす」

私がここのユニフォームである紫色の上下の下着姿だけに着替えるや否や、早速店長から私の源氏名が呼ばれました。

「はーい、ただいま～」

私は軽やかに返事をすると、①と書かれたドアを開け入室しました。

「いらっしゃいませ～、本日はご指名いただき、ありがとうございます～。マコで～す。心を込めてサービスさせていただきま～す」

挨拶をしながら目にした相手は、私とほぼ同年代の三十ちょっとぐらいに見える、すっきり小ぎれいなかんじの男性でした。

「あ、よろしくお願いします。マコさん、指名ファイルの写真よりも若く見えますね。それにとっても可愛いし」

「あら、ありがとうございます～！　そんな嬉しいこと言ってくださるなんて、通常の倍ぐらいスペシャルなサービスしちゃうんだから～っ」

私は当意即妙、軽快に応え、ベッドの上に寝そべった彼に近寄ると、ズボンのベルトに手をかけカチャカチャ外し、下のパンツごと速やかに脱がせました。すると、丸出しになった彼の股間のイチモツはなかなか立派な代物で、私は思わず嬉しくなり、ゴクリと生唾を飲んでしまいました。

「お客さんの、おっきいですね～。すっごいしゃぶりがいがありそうで、マコ、カンゲキです～っ！」

「え、そ、そうかな……？」

私はほぼホンネを言ってるだけですが、彼はお世辞を言われたかのように思ったのか、若干恥ずかしそうに言いました。

「いや、あんまり女性経験多くないもんだから……自分ではよくわからないんだ」

あら、もったいない。

私は素直にそう思いながら、おしぼりで彼の下半身一帯をきれいに拭きあげて準備万端の態勢になると、仕上げとばかりにブラジャーを外してナマ乳をポロンと露わにし、彼に向けてのエロ・ビジュアル度を強化しました。

途端に彼の目の色がギラついた輝きを帯び、同時にアレがピクリと反応したように感じました。

「はい、では始めま～す！」

私はまだ柔らかい彼のそれを手にとり、右手で竿から亀頭のくびれにかけてをゆっくりとやさしくしごき、左手で玉袋を包み込むようにして揉み転がして……次第に固くなってきたその先端を、飴玉を舐めるようにチュポッと含み込み、舌先でチロチロと鈴口を刺激しながら、グリングリンとしゃぶり始めました。

「……あ、ああ……んん……」

彼がせつなげな喘ぎ声をあげ始めました。

あ～ん、このかんじ、私ほんとうに大好き！　相手をエロく征服してるみたいで、がぜん気分がノッてきちゃうかんじ？

そうやってテンションが上がるままに私の口淫行為が勢いを増し、すっかり固く大きく実ってきたイチモツを、ジュッポ、ニュッポ、ジュブブ、ヌププ……と咥え込み、舌をからみつかせながら、ノド奥まで出し入れして締め上げてあげると、ますます張り詰めたその先端からジュクジュクとガマン汁が滲み出してきました。

メインディッシュの射精の前に、まずはこれがアペリティフ（食前酒）です。

私は舌先でそれを舐め味わい、そのまだ薄味だけどたまらないテイストを楽しみ、次第に自分でも股間を濡らしてしまっていました。

「……んん、んん……はぁっ……んじゅっ、んぶっ、じゅぼっ、ぐぷっ……」

「あ、ああっ、あ……ああっ……」

いよいよスピードを増してしゃぶりあげる私の舌戯の勢いに押されるままに、彼のせつない喘ぎ声も荒く、大きくなっていきました。

そして私は咥えながら、肉竿の中をグイグイと精液の奔流が昇ってくるかんじを察知していました。

ああ、いよいよくるわ……熱くて濃厚なほとばしりが……！

最後のスパートとばかりに、ジュパジュパジュパジュパジュパ……と、高速口淫ピストンする私。

「……んあっ、あ、あ……イ、イクッ……あぐぅっ！」

その瞬間、私の口内で亀頭がＭＡＸまで膨らんだかと思うと、続いて弾けるように噴き出した熱い濃厚液が口いっぱいに満ちて、私はブルブルとエクスタシーの恍惚を覚えながら、それをゴックンと飲み下していました。

今日のはちょっと甘いかな？

でも、なかなかおいしい！　うん、満足、満足！

「マコさん、ありがとう、とってもよかったよ。サイコーだった」

「うふふ、どういたしまして。またご贔屓にしてくださいね～」

お客さんからは感謝されて、私も自分のエロい欲求を思いっきり満たすことができて……この生活、当分やめられそうにありません！

■三人のヤカラ連中に三者三様で責めたてられ、私は不覚にも感じてしまい……

夜の砂浜で三人のヤカラ連中に犯され悶えて！

投稿者 岬真琴（仮名）／25歳／OL

今年の夏、まるでドラマか映画みたいな事態に出くわしちゃいました。

土曜の夜、彼氏の車で海までドライブに行こうってことになったんです。例の感染症の問題があるけど、あまり人出のなさそうな場所を探して行けば、まあ大丈夫だろうってことで。で、夜はその辺りのラブホに泊まって、久しぶり（一ヶ月くらい？）にたっぷりエッチを楽しもうって。

こっちでゆっくりランチしたあと午後四時頃出発し、あちこち寄り道しながら目的地の湘南のほうに着いたのは、なんだかんだで夜の八時近く。

さすがにもう暗くなっていましたが、私たちは海の近くの駐車場に車を止めると、海岸の砂浜のほうに降りていき、打ち寄せる波音の中を二人で歩きながらロマンチックな雰囲気を楽しんでいました。

すると、三十分ほど歩いたところで、数人の若い男性たちが焚火を囲んでワイワイと盛り上がっているのが見えてきました。どうやらご法度のアルコールを飲んでいるようです。私と彼はちょっとヤバイものを感じ、お互いに目で合図すると黙って車のほうへ引き返そうとしました。

ところが、私たちは連中に目ざとく見つけられてしまい、

「おっ、あそこにカップルがいるぞ！　おーい、二人ともこっち来て俺らといっしょに盛り上がろうぜーっ！」

と呼ばわる声が聞こえ……私たちは無視して足早に立ち去ろうとしたんですが、最悪なことに、彼らは走って追いかけてきたんです。

マズイと思ったけど、運の悪いことに私はヒールの高い靴を履いていて思うように走れず、身軽な格好の連中にあっという間に追いつかれてしまいました。

「おいおい、けっこうイケてる姉ちゃんじゃないのーっ。ねえねえ、こんなダッサイ彼氏なんかほっといてさ、俺らといいことしようぜーっ」

向こうは三人いて、日焼けしたたくましい体つきからすると、地元のあまりタチのよろしくない連中に見えました。しかも明らかに酔っぱらっていて理性が吹っ飛んじゃってる様子。数と力で敵わず、おまけに話もまともに通じないという絶体絶命の大ピンチでした。

「なあ、ちょっと君ら、俺も警察に通報するようなことはしたくないから、ここはおとなしくどっか行ってくれよ、なあ？」

彼氏は今置かれた危機的状況を察したうえで、極力穏便にこの窮地を乗り切ろうとしたんですが、ムダでした。

「うるせえっ、おらおらーっ！」

と言って、三人に囲まれてフルボッコ、ぐったりと立ち上がれない状態にされちゃったんです。私はもう震えあがるばかりでした。

「へへっ、やっと邪魔者もいなくなった。さあ、お待たせしました！　俺ら三人でカノジョのこと、たっぷりかわいがってやるぜ～っ」

そう言いながら、中でもひときわゴツイ、リーダー格とおぼしきヤツが近づいてきて私の体に手をかけ、麻のサマージャケットを剝ぎ取りました。その下はブルーのタンクトップを着ただけで、実はブラはつけていませんでした。今日はドライブ中心でそれほど人目につくことを想定していなかったから、つい気を抜いてそんなユルイ格好で来てしまったんです。

「おおっとぉ！　カノジョ、ノーブラぁ？　タンクトップがぷるんぷるん揺れて誘ってるぜぇ！　くうっ、たまんねーなー！」

「うわ、マジか！　エロ～～ッ！」

連中は口々にいやらしくわめきながら、私のカラダに摑みかかってきました。

「い、いやッ、や、やめて～～～っ！」

「そんな大声出したってムダ、ムダ！　この時間になると、もうこの辺り誰もいないからよ、いくら呼んだって疲れるだけだぜぇっ！　なあ、この際あきらめて、おとなしく俺らと気持ちよくなろうぜ！」

リーダーがそう言うと、坊主頭の一人が後ろから私を羽交い絞めにして、自由を奪われた状態でリーダーと対面させられました。

「よしよし、モミモミしちゃうぞ～っ」

リーダーは私のタンクトップをペロンとめくり上げると、生バストを露わにして鷲摑み、ムニュムニュと揉みしだいてきました。

「おおっ、サイコーの揉み心地っ！　出来立ての肉まんみたいにプリプリのホッカホカ！　さて、味のほうはどうかな～っ？」

そう言って、揉みながらしゃぶりつき、舐め回して乳首をチュウチュウと吸ってきました。背後の坊主頭もハァハァと息を荒げながら私のうなじのあたりをペロペロとねぶりたて、同時に明らかに固くさせたアレを短パン越しにゴリゴリと私のお尻に擦りつけてきました。

「オ、オレ、マ〇コ舐めちゃおう～と！」

三人目の茶髪がそう言いながら、私のミニスカートをむしり取り、パンティをずり下げてきました。そしておおっぴらになった私の肉丘、そこの茂みを掻き分けるようにしてワレメ部分に舌を差し込み、肉突起をこね回し、肉ひだ内部を掻き回してきました。三人のヤカラ連中に三者三様で責めたてられ、私は不覚にも……、

「んあふっ、ふぅ……あっ、ああ……」

上ずった喜悦の声をあげてしまいました。

ジュルジュル、ピチャピチャ、ズジュズジュズジュ……！

「んふぅ～～～っ、オマ〇コ濡れ濡れ、マン汁うめぇ～～っ！」

茶髪が口の周りを私の愛液まみれにしながらそう言うと、

「か～っ、たまんねぇっ！　一番に俺が入れるからな！」

リーダーがそうわめき、胸がめくれたタンクトップしか身につけていない私の体を砂浜に押し倒すと、茶髪を突き飛ばして自分も下半身裸になりました。そしてとっくにビンビンにいきり立った肉棒を私のワレメに突っ込んできて。

「……っあっ、あひ、んあっ……あああっ！」

ただのレイプ状態だというのに、私は感じてしまっていました。やはり、彼氏ともう一ヶ月間ご無沙汰という、適度な欲求不満状態が肉体的飢餓感を高めていたようで、彼氏に申し訳ない、このクソヤカラ連中死ねっ！　とか思いながらも、巻き起こるエクスタシーの渦に呑み込まれてしまうんです。

「おらおら、いいだろ？　……んうっ、う、うぐっ……で、出るっ！」

リーダーが射精すると、続いてすかさず茶髪が挿入してきました。リーダーよりモノのサイズは小さいけどピストンはパワフルで、ガッツンガッツンと突かれて私はまず最初の昇天。するとほどなく茶髪も果てて、最後に坊主頭が満を持して突っ込んできました。その大きさといい、力強さといい、スタミナといい、三人の中で一番の逸材でした。私は一段と大きな喘ぎ声をほとばしらせてしまいます。

「ああっ、あっ、あ、あひ……あ、イク、イクゥ～～～～ッ！」

気持ちよすぎる二回目の昇天でした。

その後、満足した連中は去っていき、お互いに無口でいたたまれない、私と彼氏の二人だけが取り残されました。

以来、どうしてもギクシャクしてしまっている私たちなんです。

■彼はダイナマイトバディとは裏腹にかわいい小粒の私のお豆ちゃんをクリクリと……

地味男大好きな私の店頭逆ナンSEXエクスタシー

投稿者 松村菜々（仮名）／35歳／書店員

私、たまにハーフとまちがえられちゃうくらい顔立ちが派手だし、背も高く（一七一センチ）、胸も大きい（八十八センチ）、いわゆる『ダイナマイトバディ』なもんだから、そういうイケイケっぽい見た目で勘違いされがちなんだけど、中身はけっこう地味な陰キャラなんです。

お酒は飲めないいし、大勢で騒いだりするの嫌いだし……逆に、なにしろ書店に勤めてるくらいだから、趣味はもちろん読書。それも、売れてる流行り系の本には全然興味がなくて、自己を見つめるみたいな暗い私小説的な内容のものが大好きっていう……ね、意外でしょ？

そして極めつけは、好きな男性のタイプ！

チャラチャラしたギャル男系や、おらおらヤカラ系みたいな連中は大っ嫌い！

自分が読んでる本と同じように、地味めで真面目タイプ……もっと言っちゃえば冴えないオタクタイプの男性が大好物なんです。

え、変わってますか？　だってしょうがないじゃないですか、これが私なんだから。そんな私が好きになっちゃったのが、週に二〜三回はお店に来てよく本を買ってくれる常連の片岡さん。何度か客注を受け付けたもので名前もわかっちゃったんだけど、そんなかんじでちょこちょこやりとりしてるうちに、私と同じ歳の高校の先生だってことがわかりました。もちろん結婚していて妻子持ち。

うん、そりゃそうよね〜……こんなに魅力的なんだから、独身なわけないわ。

っていうのが、私の素直な感想。

世の普通の他の女性は「冴えない、ダサい、地味」っていって、私とは真逆の見方かもしれないけど、私としてはもちろん、どストライク！

もとより、結婚したいとか、真剣につきあいたいとか、そんな気持ちはさらさらないから、あるとき彼に対する『スキスキ』テンションが最高潮に達したとき、私、たまらずアタックしちゃった！

レジでの支払いのとき、同僚たちに気づかれないように、こっそり紙切れを渡して……そこにどう書いたかっていうと、

『あなたのことが大好きです！　私とエッチしてくれませんか？』

とまあ、これ以上ないほどの直球勝負。

だけど意外かもしれないけど、私の経験からいうと、こういう地味で真面目タイプな男性のほうがこういうことは割り切って対応してくれることが多いっていうか……逆にヤリチンっぽいチャラ男のほうがアワアワして煮え切らないことのほうが多いのよね。すると案の定、この山田さんも一旦いなくなって紙切れに書かれたメッセージを読んで戻ってきてくれたあと、にっこり笑って親指を立ててくれて。

やり〜〜〜〜〜っ！

そのあとすぐにＬＩＮＥを交換して、準備オーケー。

互いの都合をすり合わせながら、とうとう四日後の金曜の夜、二人だけで会えることになったんです。

「とりあえず、軽くお酒でも飲みに行く？」

「ううん、私、飲めないんで……すぐホテル行きませんか？」

すると、山田さんは一瞬、意外そうな顔をしたけど、すぐに頷いてくれて、

「了解。実は僕もそんなに飲めるほうじゃないんだ」

って答えると、私たちはさっさと近場のラブホに向かったんです。

部屋に入ると、まずは一緒にお風呂に入りました。

「恥ずかしいなあ……きみと違って俺、ただのたるんだ中年体型だし……」

「ううん、何言ってるんですか、それがいいの！　筋肉とかいらないんで」

「ははは、きみ、へんな子だねえ」

「はい、よく言われます」

そんな会話を交わしながら、二人いっしょに決して広いとはいえない浴槽に身を沈めました。私が彼の両脚の間に背中を向けて座る格好です。

私は首を背後のほうにひねると、彼にキスを求めながらお尻をクネクネとうごめかせて、接している股間を刺激しました。

「……ん、んふ、ううう……」

彼は私と舌をからめながらそう洩らすと、その股間を徐々に固くしていきました。

私の尻肉から腰骨の辺りにかけて、ムクムクと彼の存在感が主張してきます。

「……ん、あ、すごい、大きくなってきた……」

「こんなすごいカラダでそんなことされて、男なら誰だってこうなっちゃうよ」

そう言いながら、彼のほうも両手を私の前のほうに回して左右のオッパイを摑み、ムニュムニュ揉みしだきつつ、乳首をクニュクニュとこねくり回してくれて。

「あふっ……ん、んん……んくぅっ……」

甘い愉悦がカラダの中に広がってって、身中はカッカッと昂るばかり！

私はたまらず体勢を変えて彼のほうに正面から向き合うと、お湯の中でペニスをしごきながら、彼の腰を水面近くまで上げさせました。

そして、すっかり大きくなったペニスをネッシーの長い首のように水面上に浮上させると、それをパクンと咥えてフェラチオしてあげました。いわゆる風俗の専門用語でいうところの『潜望鏡』ですね。

「んくぅ……あ、ああ……菜々ちゃん……」

ああ、私のフェラでこぼれる彼の、甘くせつない声がたまらない！

すると今度は彼のほうが沸点を迎えたみたいで、

「はぁ……ねえ、もう出ようよ。きみのことが欲しくてたまらない……」

「うん、私も……」

私たちはお互いの気持ちと状態を確かめ合うと浴室を出て、まともに濡れた体を拭くこともなく、もつれ合うようにしてベッドへと転がり込みました。

すると彼は、勃起したペニスをすぐに入れるのではなく、まず私のアソコを一生懸命舐めてくれました。

ダイナマイトバディとは裏腹にかわいい小粒のお豆ちゃんをクリクリ、チュバチュバ、実はそれほど使い込んでない、まだまだきれいなピンク色のヒダヒダを掻き分けて、ジュルジュル、ピチャピチャ……。
「……っあ、はう、んあぁぁっ……きもちいいっ！　んあ、はぁ、あん……とろけちゃうぅ……ねえ、もう入れてぇっ、おねがいっ！」

昂りまくった私の恥も外聞もない懇願に応え、彼はいよいよ挿入の態勢を整えると、ドロドロに乱れた股間にあてがった勃起ペニスを、ぐいっ、ぐぐ、ぬぷぬぷぬぷっ……と、肉洞の奥へと沈め入れてきてくれました。

そして始まる、魅惑の抜き差し運動。

私は待望のその肉の摩擦の快感に酔いしれ、悶え喘いで。

彼のほうも思う存分、とろけた私の肉感を愉しんで。

ああ、今思い出しただけでも、またオナニーしたくなっちゃうくらい、サイコーに気持ちいいセックス。

山田さん、また会ってくれるかなあ？

■ギンギンに勃起した先生の男根が、私の肉貝を淫靡にめくり上げてぬめり込んで……

診察台の上を淫らな体液で汚しまくる禁断の時間外診療

投稿者　水越風花（仮名）／27歳／歯科助手

「はい、今日の診療はここまで。お疲れ様でした」

「ありがとうございました」

虫歯治療に訪れていた本日最後の患者さんへの処置が終わり、患者さんが帰っていくと、医院の中には歯科助手の私と、先生の二人だけになりました。

するると、それまで対患者さん用のにこやかな笑みを浮かべていた先生の顔が、一瞬にして冷ややかでサディスティックな表情に変わり、私の顔を見て言いました。

「何、もの欲しそうな顔してるんだ？　ほんの一ヶ月ほど相手してやらなかっただけで、もうマ〇コが疼いて仕方ないのか？　ん？」

「……えっ、そ、そんなこと……」

「……そんなこと、あるんだろ？　……まったく、こっちが一生懸命患者さんに対応してるっていうのに、その間、俺の股間撫でてきたり、尻をかすめてきたり、背中に胸を押しつけてきたり……ほんと、勘弁しろよ！」

……はい、おっしゃるとおりです。私、先生に相手にして欲しくって、隙を見てはエッチなアプローチしちゃってました。だって一ヶ月も放っておかれたら、もう先生にエロ調教されてすっかり淫乱になったこのカラダが、欲しがって欲しがって、しょうがないんですもん。

妻子のある先生（三十三歳）と不倫の関係になって、もう半年になります。

それまで私はどちらかというと男性に対して奥手で、経験も乏しく、二十七歳というそれなりの年齢だというのにつきあっている相手もおらず、職場とワンルーム賃貸マンションの自宅をただ行き来するだけの、地味で面白味のない日々を送っていました。ところがそれが先生に誘われ、その経験豊富で刺激的なセックスの洗礼を受けてから、まんまとその魅力と快楽の虜になってしまい、先生なしではいられないカラダになってしまったんです。

「はっ、まったく……ちょっとちょっかい出してやったら、ここまで淫乱どエロにハマるとは思わなかったよ」

先生はあきれたような顔で私の顔を見て、歯科助手用の私の白衣のズボンの股間部分を撫で回しながら言いました。

「……はっ、んふぅ……んくっ、くう……」

私は待ちかねたその魅惑の刺激を享受しながら、返す言葉もなく淫らに喘ぐしかありませんでした。

「こっちも忙しいからさ、きみ一人だけ相手にしてるわけにいかないんだよ……ね、わかるよね？」

「……は、はい、わかります……」

ズボンのファスナーが下ろされ、そこから潜り込んできた指先でパンティ越しにアソコの肉の凹凸をクイクイと揉み回されながら、私の陶酔は深くなっていくばかり。

「ま、そうは言っても、地味で真面目なきみをこんなにしちゃった責任は、それなりに感じてるからさ、今日はちゃんと可愛がってあげるよ、な？」

「……う、うれしいっ……」

その言葉だけで、じゅわわっと大量の愛液が、アソコから噴き出してくるのがわかりました。

「うわ、なんだこの濡れ方!?　あっという間に大洪水じゃないか！　これじゃあもうこのパンツ、使い物にならないよ？　ちゃんと替え、持ってきてる？」

いや、持ってきてませんけど……いいんです、そんなの。先生にエッチしてもらえさえすれば、あとはノーパンにジーンズ穿いて帰るだけですから。

「さあ、今日は一ヶ月放っておいたお詫びに、きみの大好きな診察台エッチしてあげるよ。ほら、患者さんみたく座って寝そべって」

診察台エッチ……！

ああ、不倫の関係になった最初の頃にほんの数回だけプレイしてくれた、あの最高に刺激的で気持ちいいヤツ……！

私は逸る気持ちを抑えつつ、先生に言われたとおり診察台に上がり、リクライニングの背に身を持たせかける格好で横たわりました。

先生はその上に覆いかぶさるように身を屈めてくると、私の白衣のボタンを一つずつ外しながら、上半身を撫で回してきました。全身が若干弓反るような不自然な体勢になっているからか、その撫で回すタッチが余計に刺激的に感じてしまいます。

「……っあ、ああ、んあっ……んくぅ……」

「ふふふ、久しぶりに触れると、やっぱりきみ、いいオッパイしてるよね。これだけ身を反らしてるっていうのに、ぺちゃって流れないで、ちゃんと乳房の盛り上がりがキープされて……うん、いいかんじだ」

先生はそう言いながら、はだけた白衣の下のブラジャーも取ってしまうと、チュウチュウと乳首を吸い、舐め転がしてきました。そして同時に片手を伸ばして、パンティの中に手を突っ込んで直接私の肉貝をもてあそんできて。

「ひあっ……はぁ、あ、あんっ……んはぁっ、あ、ああっ！」

私はますます身をきつくエビ反らせて感じまくってしまい、自分でもじっとしていられなくなって、すぐ横に立っている先生のズボンのベルトに手をかけると、カチャカチャとバックルを外してストンとズボンを足首の辺りまで落としました。そしてその下から現れた、ピッチリとしたボクサーショーツを剝いて男根を露わにすると、それを必死でしごきこね回して刺激しました。

「……ん、んんっ……ふぅ……」

するとと先生のほうも少し息を荒げながら、下半身を私の顔のほうに近寄せてきました。もちろん、私は無我夢中でむしゃぶりつきます。先生から仕込まれた淫らな舌戯を駆使して舐め責めたてて……私の口の中で先生は顎が外れんばかりに怒張し、そそり立っていきました。

「……んくっ、きみもテクニシャンになったねえ。ちょっと気を許したらこっちもイッちゃいそうだ……よし、じゃあお待ちかねの、きみが一番欲しいものをあげちゃおうかな。準備は……もちろんいいよね！」

「ああん、早く、早く、先生の太くて固いの、ちょうだい〜〜〜っ！」

私は恥も外聞もなくそうおねだりし、先生は診察台の上に上がりながら私の下半身を裸に剝き、自分もボクサーショーツを脱ぎ捨てました。

ギンギンに勃起した先生の男根が、私の肉貝を淫靡にめくり上げてぬめり込んできて……ヌッチャヌッチャといやらしい音を響かせながら出し入れを始めました。

「あん、あひっ、せ、先生、いい、いいの……とってもいい〜〜〜〜っ！」

「ああっ、きみのマ○コも……とってもよく締まるよ……んんっ、くうっ！」

「ああっ、先生……私もう……イ、イクッ！」

「うっ……くぅ〜〜〜〜〜っ！」

咄嗟のタイミングで男根を抜いた先生は、私のお腹の上に向けて大量の精を放ち、私もびっくりするくらいの量の愛液を溢れ出させて……大量の二人の淫らな体液が診察台の革張りのシートをぐちゃぐちゃに濡らしていました。

患者さんたちも、自分たちが歯科治療を受けているところで、まさかこんなろくでもないことが行われているとは夢にも思わないでしょうね〜。

ちょっと罪の意識を感じちゃってる私なんです。

第四章

燃え上がる欲求不満に狂って

■課長のペニスは怒ったコブラのように鎌首をもたげて、妖しく私のほうを威嚇して……

夫の寝ている横でその上司とまぐわい乱れ合った私

投稿者 滝川かれん（仮名）／32歳／専業主婦

「あの人、遅いなあ……」

たっぷり昼寝をしてしまい、夜になってもなかなか寝ようとしない四歳の息子をようやく寝かしつけ、一息ついた私は、十一時を指している時計を見ながら思っていました。夫は今日、残業だとか言ってはいなかったのですが、まだ帰ってきてはいませんでした。

が、次の瞬間、玄関の呼び鈴が鳴り、慌てて迎えに出ると、そこには井上課長が、ぐったりと酔いつぶれた夫を支えながら立っていました。

「ああっ、課長さん、すみません！」

話を聞くと、今日、課内で急な異動人事が発表され、急遽課を去っていく人の送別会が行われたということでした。

「滝川くん、その異動していく彼とけっこう仲がよかったようだから、いろいろ積もる話もあって飲み過ぎちゃったみたいですね。まあ怒らないであげてください」

井上課長はやさしい笑顔で私にそう言い、私は夫をとりあえずリビングのソファに寝かせたあと、課長に言いました。

「本当にありがとうございました。今、お茶をいれますから飲んでいってください」

「いやいや、どうぞおかまいなく」

課長さんはそう言いながらも帰ろうとすることはなく、キッチンのダイニングテーブルに腰かけながら応えました。

お茶の用意をしながら、私たちの結婚式に出席してもらった日以来ですから、会うのは五年ぶりですが、相変わらず魅力的な人だなあと井上課長を見ながら思いました。

今たしか四十歳くらいのはずですが、人気俳優の唐沢○明を思わせるさわやかな風貌と柔らかな物腰は健在で、正直内心キュンとしてしまいました。なにしろ、私と夫ときたら、息子が生まれて以来、なんとほとんど四年間セックスレス状態なものですから、私ときたら人妻でありながら男日照り状態だったんです。

すると、そんな私が発する秋波めいた雰囲気が伝わったのか、お茶を飲みながらしばらくは世間話めいた会話を交わしていたのが、突然、

「ところで……滝川くんと奥さん、もう四年ほどもセックスレスだって聞きましたけ

ど、本当ですか？」

と、井上課長が訊いてきたんです。

私はびっくりしてしまいました。なんでそんなことを課長さんが知ってるの⁉

「いや、すみません、いきなり……この間飲んだときに、滝川くんがぽろりとこぼしてたものだから。子供が生まれてから、奥さんのことをなんだかもう女として見れないんだって……」

思わぬ形で夫のホンネを聞かされることになり、私は呆然としていました。

もう女として見られてない……。

どうにも形容しようのない悲しみが溢れ出し、私はポロポロと涙をこぼしていました。自分ではもう止めようがありません。

「奥さんっ……！」

すると突然、井上課長が席を立ってこちらのほうに回り込み、私のことをきつく抱きしめてきて、言いました。

「かわいそうに……まだこんなに魅力的なのに！　私は……私はずっと奥さんのことが好きですよ！　結婚式で初めて見たあのときから……」

思わぬ言葉に、えっ？　と課長の顔を窺うように見ましたが、すぐさま熱いキスで唇をふさがれ、その勢いに呑みこまれていってしまいました。

井上課長の舌が私の唇を割って口内に入りこんできて、私の舌をとらえると艶めかしくからみつき、ジュルジュルと吸いたててきました。溢れ出した二人の唾液が混じり合い、だらだらと顎から喉元へと伝い落ち、お互いの衣服を濡らし汚していきます。

すると井上課長はそれに気づき、嫌がるかのようにネクタイを外し、自らYシャツを脱ぎ去りました。下着は着ておらず、すぐにその引き締まった上半身が現れました。

「奥さんも……」

そしてなし崩し的に私の衣服にも手を伸ばし、羽織っていたダンガリーシャツを脱がされ、ブラジャーも外されてしまいました。

「ああ、課長さん……こ、こんなの、だめです……」

まだほんの少し残っていた貞操観念が言わせたものか、そんな言葉が私の口をついて出ましたが、もはやそれも、この場をより盛り立て、燃え上がらせるための決めゼリフにしかすぎないとでもいうように、井上課長は、

「そんなこと言って……奥さんだって、もうこんなに乳首を固くして私のことを欲しがってるじゃないか！　ほら、ほら！」

と激しいテンションで口走り、私の胸にむしゃぶりついてきました。

私の乳房はそれほど大きくはありませんが、形の美しさには多少の自信があります。その柔肉を両手で揉みしだきながら、課長は乳首に吸いつき、レロレロ、チュウチュウと舌先で舐め転がし、ねっとりと味わいながら、甘美すぎる快感を私に注ぎ込んできました。

「……ああっ、あ、はあっ……んあっ……」

「奥さん、おいしい……おっぱい、おいしいよお……」

そうされるうちに、私のほうも、貞淑な人妻の『体《てい》』はもういいか、という開き直った気分になり、素直に心もカラダも開くことができるようになりました。

「ああ、課長さんの……しゃぶりたい！」

あられもなくそう言うと、カチャカチャとベルトを外して井上課長のズボンを脱がせ、トランクスも剝ぎ取ると、股間のモノを咥え込み、ペチャペチャ、ジュブジュブと激しい音をたてながらフェラチオしました。玉袋だって口内に含み、コロコロと転がしながら責めたてて……すると、課長のペニスはとても立派に屹立し、怒ったコブラのように鎌首をもたげて、妖しく私のほうを威嚇してきました。

「ああ、課長さんの、すごい……」

「ねえ、夫婦の寝室でやらないか？　きみのことを女として見ないダンナに復讐してやるためにもさ……」

井上課長は悪い笑みを浮かべながらそう言い、私も二つ返事でうなずいていました。

一応、夫のほうを窺ってみると、ソファの上で変わらず酔いつぶれていて、まず起きる心配はないようです。それを確かめると、私たちはお互いに自分らの服を抱えて、奥の夫婦の寝室へと向かいました。

そして晴れて二人とも全裸になってベッドの中に飛び込み、まずはシックスナインでお互いの性器をたっぷりとむさぼり味わったあと、いよいよ体を重ねました。

課長の固いペニスが私の柔らかい肉ひだを割り、ズブズブと膣道の奥へと入り込んできました。

「あっ、ああ……はぁっ、んあぁっ……」

「ああ、奥さんの中、とっても熱くて狭くて……にゅるにゅるからみついてくる……くう、とんでもなくキモチいいよお！」

「ああ、課長さん……課長さんのオチン○ンもとってもステキよお……奥の奥の子宮まで当たって……あ～っ、感じる～～！」

「奥さん、奥さん、奥さん～～～～っ！」

井上課長の腰の動きがぜん速く激しくなり、私をえぐり貫いて……久方味わってなかったエクスタシーの大きな波が押し寄せてきました。

「あん、ああっ……イク、イク……課長さ～ん～～～～～っ！」

「くうっ……奥さん、ああっ……うぐっ！」

次の瞬間、課長が慌ててペニスを抜いて、私のお腹の上にドクドクと大量の白濁液を放ちまき散らしました。

私もビクビクと全身を震わせてオーガズムに達していました。

その後、もしこれからも夫が私を抱いてくれないようであれば、また二人でイケナイ関係を愉しみましょうと約束し、井上課長は帰っていったのでした。

■間近に見る弟の勃起したアレは本当にすごい迫力で、あたしは無我夢中で頬張り……

欲求不満解消に弟の童貞をいただいちゃったあたし！

投稿者　浅野麻衣子（仮名）／22歳／フリーター

世の中の男の人たちって、『欲求不満女』って聞くと、人妻とか、バツイチとか未亡人とか、ある程度年齢のいった女性たちをイメージするんじゃないかと思うんだ。で、逆に十代・二十代の若い女の子は、まだまだ経験も浅くて未開発（？）で、性的に無垢でピュアだろうって思ってるっていう……あはは、そんなわけないじゃんねえ？

まあもちろん個人差はあるだろうけど、十代・二十代だって、一度あのカイカンを覚えちゃって、それがしばらく味わえないなんてことになったら、どうにもムラムラ、ウズウズしちゃって、エッチがしたくて気が狂いそ～～っ！　なんて女の子、あたしの知り合いでも腐るほどいるよ。

つーか、現にあたしが一番そーだって話なんだけど（笑）。

あたしとカレシの涼介ってすっごいラブラブで、最低週二、多いときは週四で会ってエッチしちゃうくらいのズブズブの（笑）つきあいなんだけど、それがこの間、会社から言われて、涼介がまるまる一ヶ月間、北海道への長期出張に行かされることになっちゃったのね。よくわかんないけど、向こうの支社のシステムをみっちり一ヶ月かけて見直し、構築し直すんだって。涼介って優秀だから、ちょくちょくそういう面倒な仕事背負わされちゃうんだよねえ、うん。

さあ、そんなわけで、あたしとしてはたまったもんじゃないわけ。

だって今まで、月十五〜二十回の割合でやり狂ってたのが、いきなり月ゼロになるんだよ？　信じらんない！　このエッチ・ブランク、とてもじゃないけどオナニーなんかじゃ乗り切れませんって！　マジ！

さて、この大ピンチ、どうしたものか……元カレに連絡して穴埋めエッチしてもらうとか、前からあたしに色目つかってるバイト先の店長をうまく使って飢えをしのぐとか……いろいろ考えたんだけど、やっぱそういうのって浮気感が強くって、どうしても抵抗があるのよねえ。ほら、あたしって意外と貞操観念がちゃんとしてるじゃない？　よその男とやって涼介を裏切りたくないっていう。

と、そこであたし、はたと気がついたのね。

そうか、よその男じゃなきゃいいんだ！　って。

身内なら、この先絶対、まかりまちがっても結婚したりどうのってことないじゃない？　それなら大好きな涼介のこと、裏切ることにはならないなって（この辺、あとでよくよく考えたら、自分でもイミフって思ったけど、まあ細かいことはいいじゃんねえ？）。

それであたし、この大ピンチの代打として、弟の拓馬を使ってやろうって思いついたわけ。拓馬は今十九歳の予備校生なんだけど、中・高の六年間、ずーっとハンドボールばっかやってたっていうスポーツ馬鹿で、当然ガタイはよくて体力自慢。でも顔もまあまあいけてるのに、女の子に対しては奥手で不器用で……彼女いない歴、十九年っていう、かわいいチェリーボーイなわけ。

で、あたし、実は知ってるんだなあ。

拓馬が、あたしが洗濯物として出しておいたパンティをこっそり持ってって、それをよからぬことに使ってるってこと。この目でしっかり見ちゃったもの。細く開いたヤツの部屋のドアの隙間から、あたしのパンティをアレに巻き付けてゴシゴシしごいてるとこ……「うっ！」って呻いて、すっごい量の精液ぶちまけてやがんの。もちろんそのときはこっそり見て見ぬふりしたけど、正直、あたしも思いのほかデカい拓馬のアレを見て、かなりドキドキしちゃったのも本当の話。

そう、アレを使わない手はないってこと。

あたしは両親が留守にしていたある夜、リビングでテレビを観ている拓馬にさりげなく近づくと、あたしが例のパンティくすね&マスかき罪のことを知ってるんだよって教えてやったわ。

いやもう、そのときの弟の顔ったら……『顔面蒼白』って、ああいうのを言うのね。

「ご、ご、ご、ごめんなさい……なんかあのとき、俺、ものすごく溜まっちゃってて、もうどうにもガマンできなくて、それでその……」

今にも泣きそうになりながら謝るのを、あたしは、まあまあって落ち着かせてやって。そして、こう言ったわけ。

「あたしのお願い聞いてくれたら、お父さんにもお母さんにも、誰にも絶対に言わないって約束してあげるわ」

「ほ、ほんとう……？　お願いって……何？」

「あたしとエッチして」

そう言われて、さすがに面白いくらい固まってたけど、さらにあたしに強くダメを押されて、とうとう観念したみたい。

「……わかった。姉ちゃんのいうとおりするよ」

「よしよし、わかればよろしい。じゃあね……はい、オッパイ舐めて！」

あたしはTシャツを頭から脱ぎ、ノーブラの胸をブルンとさらして乳房を拓馬の鼻先に突き付けてやった。すると、ついさっきまであった遠慮と躊躇が、目の前のナマ乳の魅力に吹っ飛んじゃったみたい。

「うわ……姉ちゃんのオッパイ……すげぇでかい……」

鼻息を荒くしながらそう言うと、人が変わったみたいにむしゃぶりついてきたわ。ハンドボールで鍛えたごっつい手のひらで両方の乳房をムニュムニュ揉み回しながら、乳首に吸いつき、夢中でレロレロ舐めしゃぶって。

「……あっ、はぁっ……んあっ、いい……んふぅ……」

この時点でもうすでに、涼介とのエッチから遠ざかって一週間近かったあたしは、その激しくむさぼるような弟の愛撫にたまらなく感じちゃって。

「感じるわあ……んあっ、はぁ、あはぁっ……ああっ！　今度はアソコ、舐めてぇ！」

あたしが声を張り上げてそう言うと、拓馬はあたしのキュロットパンツと下着を引きずり下ろして、股間を剝き出しにした。

「ああ、ね、姉ちゃんのオマ〇コだあ……」

「いいよ、いっぱい……オマ〇コ、いっぱい舐めてぇっ！」

ンジュブ、ジュルジュル、ジュブブ、ズジュルルル……！

「ああっ、あ、あっ……あああ～～～～～～っ！」

あたしのアソコはもうびっくりするくらいあられもない音を発して淫汁を溢れ出させ、拓馬の口内に啜り上げられていって……あんもう、アタマおかしくなっちゃうくらい気持ちイイ～～～～～～ッ！

「はぁはぁはぁ……拓馬、あんたも脱いで！　あんたのもしゃぶってあげるから！」

「ええっ、マジ、姉ちゃん⁉　ほんとにいいのかよ？」

「ほら、早くしなさいよ！　気が変わっちゃうよ⁉」

あたしに煽られて拓馬は慌てて裸になると、あたしたちはシックスナインの体勢になってお互いの性器をむさぼり合ったわ。以前のオナニー現場目撃のときとはちがい、間近に見る拓馬の勃起したアレは本当にすごい迫力で、あたしは無我夢中で頬張り、しゃぶりたてて……！

「あうぅ、姉ちゃん、き、気持ちいいよ～～っ……お、おれ、もうたまんないよ～！」

そのギリギリの切羽詰まった状態を察したあたしは、手早く持参したポーチの中からコンドームを取り出すと、拓馬のアレの先端にグイグイと覆いかぶせたわ。そしてそのまま体を仰向けにさせるとまたがり、手を添えて直立させたアレの上にアソコをズブズブと沈めていって……。

「うっあ……あ、ね、姉ちゃんの中、き、気持ちいい～～～～っ！」

「んあっ、ああ……あんたのも硬くて太くてサイコ～～～～ッ！」

あたしは騎乗位で拓馬の上で腰を振り立て、喰い締め、拓馬も下からあたしのオッパイを揉みしだき上げながら、腰を激しく突き上げてきて！

「ああっ、おれもう……姉ちゃん、出ちゃうよ～～～～っ！」

「ああ、きて……きてぇっ！　イ、イク～～～～～ッ！」

「…………っ、んぐぅ……！」

いやあ、もう最高のオーガズムだったわあ。弱みを握った交換条件として弟の童貞をいただいちゃった形だけど、拓馬も悦んでたから、これってウインウインよね？

さて、涼介が北海道から帰ってくるまでの間、弟にはあともうちょっと姉のためにがんばってもらうとしますか！

■山口先生の荒々しく勢いに任せた揉みしだきは、私の乳房の肉を震わせたぎらせ……■

問答無用の誰でもトイレSEXでいきなりエクスタシー!

投稿者 青木理子(仮名)/34歳/パート主婦

それは、駅ビルの中にあるカルチャーセンターで、週イチのお習字の教室を終え、さあ、夕飯の買い物でもして帰ろうかな……と、地下の食料品売り場へ向かうべく、下りエスカレーターに乗って少し経ったときのことでした。

「あ、青木さん、青木さん、ちょっと待って」

と、エスカレーターをパタパタと降りてくる足音とともに、背後から声が追いかけてきたんです。

さっきまで講義を受けていたお習字教室の講師・山口先生(四十二歳)でした。

「あ、先生、お疲れ様です。そんなに急いでどうされたんですか?」

ようやく私の横に並んだ先生にそう問いかけると、

「いや、私も今日は珍しく講習後の雑務がなかったもので、たまには下まで一緒に降りようかなと思ってね。迷惑だった?」

と答え、私はその返事を若干怪訝に感じながらも、

「はあ……いえ、迷惑だなんてそんなことは……」

と言い、横目でちらりと山口先生の様子を窺いました。

というのも実は、普段の講習中から、山口先生から私に注がれる尋常ならざる視線に気がついていて、ちょっと彼のことが怖かったから。だってそれは、どう考えても飢えたオスがメスを狙う目で……。

そう思うと、なんだか無性に緊張して、胸がドキドキしてきてしまいました。でもそれは、けっして彼に対する嫌悪感とか、拒絶感とかそういった感覚ではなくて……自ら進んでスリルを愉しみ、興奮しているかんじとでもいっていいでしょうか。すぐ隣りで間近に感じる、彼の発する産毛がチリチリ灼けるような熱気が、なんだかえも言われず心地よくて……。

などと、自分でもよくわからない昂りに心身を火照らせている私の手を、おもむろに山口先生が握ってきました。

「えっ？」一瞬、驚いて目を剝いた私に、彼はニヤッと不敵な笑みを向けて、

「ちょっとだけ、ちょっとだけでいいからつきあってくれないかな？　すぐ済むから……ね？」

そう言うと、エスカレーターを降りた次のフロアの廊下を、そのまま私の手を引いて歩きだしたんです。まだ歯科や事務所などが点在するだけの、いわゆる商業フロアではないので人影はほとんどなく、私たちの姿が周囲の目を引くことはありません。

「……あ、あのっ……」

「大丈夫、大丈夫。こっちこっち！」

そう言って問答無用で山口先生が私を連れていったのは、個室タイプの『誰でもトイレ』でした。別名は多目的トイレともいい、身体にハンディを持つ人でも使用しやすいように、広く便利に設計された……昨今では、お笑いタレントの人や歌舞伎役者がよからぬことで利用したことでも話題になった、あれですね。

……とか、ひとごとみたいに言ってる場合じゃありませんでしたね。

この状況、明らかに山口先生はその『よからぬこと』をすべく、私をそこに連れ込もうとしているに違いありませんから。

「だ、だめです！　こんなところ……っ」

「ほんと、すぐ済むから……ねっ、ねっ？」

思いのほか強い力に抗えず、私はトイレに連れ込まれ、しっかりと内側からロックがかけられてしまいました。でも、私にしても心の底から本当にイヤだったら、もっと死ぬ気で大声あげたり、暴れて抵抗したりできたはず……今思うにそうしなかったのは、やはり心のどこかでその状況を待ちかねていたということなのでしょうね。

「さあ、ここまで来たら、青木さんだって私のしたいこと、わかるよね？　もう前からあなたのことが気になって気になって、仕方なかったんだ……他の生徒たちなんか比べものにならないくらい、魅力的だよ！」

山口先生は息を荒げながらそう言うと、私に抱きつき、服の上から胸を、お尻を激しくまさぐってきました。

「ああ、せ、先生、だめ……だめですったら……っ！」

と、一応口ではそう言って抵抗の意を示しつつ、でも、私のカラダの内側はどうしようもなく熱く燃え上がっていました。

ブラジャーと衣服越しではあっても、先生の荒々しく勢いに任せた揉みしだきは、私の乳房の肉を震わせたぎらせ、ジンジンと痺れるような甘美な官能を注ぎ込み……お尻への刺激はそのまま前のほうへ回り込んで、股間の秘肉をトロトロに妖しく蕩かせ、快感は高まる一方でした。

「あっ、ああっ……あ、はあ……」

「……ああ、やっぱりいいカラダしてる！　私の目に狂いはなかった！」

そう言う山口先生の股間も固く大きくこわばり、ズボン越しにゴリゴリと押しつけられるその淫靡な迫力に、私の下腹部はズキズキと啼き疼きました。

もう辛抱たまらんというかんじで先生は私の服を引きむしり、ブラを外すとブルンとこぼれ出た乳肉に食らいつき、吸いむさぼってきました。

「……あひっ……ん、んあぁ～～～～～っ！」

大粒な乳首から流れ込むたまらない快感に私は喘ぎわめき、背をのけぞらせて悶えながらも、自分からも先生の股間に手を伸ばしてズボンの前を開け、その見事な肉棒を引っ張り出していました。私の手のひらに握られたそれは怖いくらいに勃起し、ドクドクと熱く脈打っているようでした。

「……ああ、せ、先生の、すごぉい……うちの主人のより、全然おっきい！」

私は思わずそう口走り、するとそれがいよいよ山口先生の本気に火をつけてしまったようで……先生は私を壁に押しつけ、息せき切って下半身を剥き出しにさせると、片脚を抱え上げ、その勢いでパックリと大きく口を開いた私の肉穴に、ズブズブと立ちマン挿入してきました。

「……んはぁっ！　はぁ……あああっ！」

実は私、そんな体勢でヤルなんて初めての経験だったので、そのあまりに深く刺激的な挿入感に、びっくりするくらい感じてしまっていました。

「ああっ、いい……いいのっ！　ああん、もっと、もっと突いてぇっ！」

「んくうっ……あ、青木さんっ……！」

山口先生は腰のピストン運動を激しくさせ、私のオマ○コが壊れんばかりに打ちつらぬいてきて……っ！

「はぁっ……イク、イク、イク……あああ～～～～～～っ！」

「うおおっ、あ、青木さぁぁぁんっ！」

その瞬間、先生はチ○ポを抜き、トイレの床にドピュドピュッと精液を放ちこぼしました。もちろん、私も大満足のオーガズムを得ることができました。

問答無用のいきなり誰でもトイレプレイでびっくりしたけど、そんな衝撃と超刺激的な快感が相まって、今でも忘れられない思い出です。

■私は両側から勢いよくぶっ放された大量の若い精液を顔面に浴びまくり……

弱みを握られた生徒二人に口止めセックスを要求されて！

投稿者 宗像ミハル（仮名）／36歳／教師

私立高校で英語を教えています。

先日起こった、とんでもない出来事をお話ししたいと思います。

私はこれまで縁遠く、まだ独身の身なのですが、二〜三ヶ月に一度くらいのペースでどうしようもなく性欲が昂って体が疼き、出会い系サイトなどで相手を見つけては行きずりの関係を愉しんでいました。

その日も、四十代半ばだという筋肉自慢のマッチョなサラリーマンとの濃厚かつエネルギッシュなセックスを二時間たっぷり満喫したあと、夜の九時頃、二人連れ立ってホテルをあとにしました。相手の鋼のようなたくましい肉体でガンガン突かれて、まだ足腰がフラフラ状態だったのを覚えています。

と、そこへ前方から学生服を着た男子二人組が歩いてきてすれ違ったのですが、なんと彼らは私が受け持っているクラスの生徒だったのです。「ヤバイ！」と思ってとっさに顔を伏せて難を逃れようとしたのですが、視線の端で向こうのハッとした様子が窺えたような気がして、サッと血の気が引く思いでした。

どうか私の思い過ごしでありますように……。

そう願った私でしたが、やはりそうは問屋が卸しませんでした。

二日後、精いっぱい平静を装って、彼らのクラスの英語の授業を執り行ったのですが、終業のチャイムが鳴り、ホッと胸を撫で下ろしながら教室を出ようとしたそのとき、彼らの一人のKくんからこっそり紙切れを渡されたのです。

そこにはこう書いてありました。

『おとといのこと、誰にもバラされたくなかったら、今日の夜の九時に僕の家まで来てください。Kより』

脇には家の場所の簡単な地図が書いてあり、私の土地鑑のある辺りでした。

ああ、ホテルから出てきたところ、やっぱり気づかれてたんだ……。

絶望的な気分とともに頭の中が真っ白になりましたが、とにかく口止めするにせよ何にせよ、とりあえず言われたとおりにするしかありません。

私は夜の九時ちょうどに、Kくんが住む自宅マンションへと向かったのでした。

エントランスでオートロックを開けてもらい、十階にあるKくん宅まで向かいました。チャイムを鳴らして開いたドアの向こうには、Kくんと、もう一人のSくんがいました。「いらっしゃい、先生」

彼らに促され室内に上がりながら、きょろきょろと辺りを窺うと、

「今日は父も母も親戚の法事に出かけて居ないんです。明日まで帰ってきませんから、安心していいですよ」

とKくんが言い、私はその「安心」という物言いに思わず苦笑してしまいました。だって、どう考えても彼らの魂胆はわかっているのですから、安心どころかむしろ「絶望」じゃない？　という話です。

そしてその私の心中を裏切らず、Sくんが言ってきました。

「先生、僕らまだ童貞なんですよね。まわりの奴ら、結構もう経験済みなのが多くて、ちょっと焦ってるんですよ。ねえ、先生、僕らをオトナにしてくださいよ。そしたら、おととい見たことは絶対に誰にも言いませんから。ね？」

確かにKくんもSくんも、どちらかというと真面目で地味なタイプで、一部の派手で遊んでそうな生徒たちと比べると、女の子と接する機会も少なそうではありました。とは言っても、二人とも素材自体は決して悪くはないのですが。

見られてはいけない現場を生徒に見られ、さっきまでは沈鬱な思いでいた私でした

が、徐々に気持ちの中に変化が表れてきました。

　こうなったら、いつまでも弱みを握られた被害者ぶって落ち込んででもしょうがないわ。彼らの望むとおりに満足させてあげて、事態を打開しなきゃ。

　そうやって『攻め』のモードに変わっていったのです。

「わかったわ。あなたたちの童貞、もらってあげる。じゃあ二人とも服を脱いで裸になって」

　私はそう言いながら、さっさと自分でも服を脱ぎ始めました。まずブレザーを脱ぎ、ブラウス、スカート……と脱衣すると、ストッキングも脱いで、とうとう上下ブラジャーとパンティだけの姿になりました。で、彼らはというと、私が脱いでいる間ぐぎ付けになっていて、挙句慌てて自分たちもやっと服を脱ぎだすという有様でした。

　うふふ、ちょっとかわいい。

　そして、とうとう裸になった彼らの股間はすでに勃起していました。

　私が脱いでいる間に、ビンビンに昂っていたのです。

　私は舌なめずりしながら歩み寄ると、立っている彼らの間に挟まる形でひざまずきました。そして二人の勃起ペニスを手にとり、交互にしゃぶり始めて。

「あ、せ、先生……」

「え、ええっ……す、すげぇ……」

彼らは生まれて初めてされるフェラチオ、しかも年季の入ったテクニカルな私のそれに翻弄され、あっという間にたぎりみなぎっていきました。

舐り回す私の舌で亀頭を赤くパンパンに膨らませ、先端からタラタラとガマン汁を溢れしたたらせて……私の淫らなバキューム・テクでそれをジュルジュルと啜り上げられ、同時に玉もしゃぶり転がされるものだからたまりません、

「あっ……オレもうだめ、先生ッ！」

「ううっ、お、俺もッ……！」

私はその瞬間、二人を激しく手コキしごきあげ、両側から勢いよくぶっ放された大量の若い精液を顔面に浴びまくりました。それをペロペロと舐め味わい、思わず「青苦いけど、おいしい……」と、陶酔してしまっていました。

私は一旦、顔についた精液をきれいに拭き取ると、改めてブラとパンティを外して全裸になり、乳房を揺らし腰をくねらせながら、

「さあ、童貞喪失のリハーサルは終わりよ。これからがホンバン……二人ともいらっしゃい」

と言い、広くスペースが空けられた居間のカーペットの上に仰向けで寝そべると、

両脚を大きく開いて彼らの再度の欲情を煽りました。するとさすがの若さ、二人ともまたたく間に再勃起し、わあっと同時に私のカラダに群がってきました。

「あっ、ああ……先生の中、あったかくてヌルヌルして……き、きもちイイ～～」

「くぅッ……先生のマ○コ、キュウキュウ締め付けてくるよぉっ！」

二人の若いペニスを代わる代わる受け入れ、身につけたテクをこれでもかと駆使しながら淫らに応えていると、とうとう彼らはまた二度目の昂りに達して……、

「くっ……せ、先生、もうダメ、イク、イク……」

「あうぅ、んくっ……で、出ちゃう！」

彼らは次々と私の中で射精し、私もまた、その若いほとばしりがもたらす快感の波に呑み込まれていって……、

「あ、ああっ……せ、先生も……イク～～～～～～ッ！」

若い二人の混じり合った大量の精液を胎内で飲み干してしまったのです。

この先、果たして二人が約束を守ってくれるかどうかわかりませんが、もしそれを反故にして、またセックスを求めてきたとしても、まあいいかと思ったりしてます。

ほんと、とんだ淫乱教師ですみません。

■部長は女陰から蟻の門渡りを通って後ろの秘穴までを、何度も舌で行き来させて……

強要された上司との粘着セックスにハマってしまった私

投稿者 真中千夏（仮名）／25歳／OL

勤めている会社の部長（五十二歳）と関係を持っています。

なぜそうなったのか？

そもそものきっかけは、なかば恫喝に近いものでした。

私は同じ社内に、将来結婚を考えている恋人の雄太（二十六歳）がいるのですが、ある日、その雄太に関して大事な話があるといって部長に呼び出され、飲みに付き合わされることになりました。

薄暗いBARのカウンターに二人並んで座り、ウイスキーのグラスを傾けながら、部長は近すぎる距離で私の耳元に顔を寄せて言いました。

「実は、彼が経費を水増し請求して着服してるっていう内部告発があったんだ。詳しい調査はまだこれからだから、事実確認はまだだが……もし本当だったら懲戒免職、いや、ヘタをしたら刑事告発も避けられないかもしれない」

私は思いがけない話に愕然となりました。

でも同時に、実は若干思い当たる節もあって……雄太はまだ平社員なので給料もそれほど高くないのはわかっているのですが、それにしてはいつもデートのときとか、高級なものを食べさせてくれたり、ブランドものをプレゼントしてくれたりして……「そんなにお金使って大丈夫なの？」と心配して聞いても、「大丈夫、大丈夫」とあまり答えになっていない返事をするばかりで。

ひょっとして、私のために……？

そんな猜疑心に駆られている私に、部長が言ってきました。

「私も彼にはこの先会社のためにもがんばりを期待してるから、たとえその事実があろうがなかろうが、悪いようにはしたくないと思ってるんだ」

その言葉の意味がよくわからず、思わず部長の顔を窺うと、

「もし調査の結果、不正の事実が判明しても、私の力で揉み消してあげるって言ってるんだ。でも、そのためには君にも協力してほしくてね」

と、ニヤリと淫猥な笑みを浮かべながら言われました。

そう、雄太のために、私は部長からカラダの関係を要求されたわけです。

そして私は……愛する雄太のため、彼との将来のために、その要求を呑まないわけ

にはいかなかったのです。

「このことは絶対、彼には言わないように。わかってるね？」

そう言われて始まった部長との関係は、最初、いやでいやで仕方ありませんでした。だって、いま五十歳の私の父親よりも年上の相手に抱かれるなんて……それは生理的嫌悪感といってもいいものがありました。

でも、一回目、二回目……と、実際に関係を重ねていくうちに、その感覚は変わっていくことになったのです。

それは……年相応に勢いがあって体力的にはタフだけど、通り一遍の前戯とオーソドックスな挿入、そして射精で終わってしまうシンプルな雄太とのセックスと比べて、体力的にはもちろん劣るけど、その分、老練でテクニカルでしつこい、これまで味わったことのない、からみつくような粘着質の快感……そんな部長とのセックスに、私はハマっていってしまったのです。

まず部長は、挿入してもあまり長持ちしないからといって、恐ろしく長い時間をかけて私を愛撫してきました。

「ああ、真中くん、なんて白くて滑らかな肌なんだ……たまらないよ」

心底嬉しそうにそう言うと、部長は私の耳朶をゾクゾクと舐めかじったあと、うなじから首筋にかけて舌を這わせ、柔らかく乳房を撫で揉みしながら乳首を執拗に責めたててきました。舌先を乳首にからみつかせ、クニュクニュとこね回しつつ吸い上げ、時折絶妙のタイミングと強度でカリッと甘噛みしてきて。

「んあっ……は、あぁ……」

「ふふ、気持ちいいんだね、こんなにツンツンに乳首立てちゃって……まるで今にも破裂しちゃいそうじゃないか」

かと思うと、そう囁きながらすごい勢いで舌を回転させてグリングリンと乳首を舐め回し、ジュルジュルジュルッと啜り上げるように吸引してきて、私はそのあまりに心地いい感覚に、背をのけ反らせて身悶えてしまいます。

「あひッ！　ひぃ……あう、はぁッ……！」

「ああ、おいしい、おいしい……きみのカラダはほんと、極上のごちそうだ」

そうやってさんざん胸を愛撫しまくったあと、下のほうへと降りていく部長の舌。私のおへそから脇腹へと舐め這い回り、これでもかと感度を高めた挙句に、すでにしっとりと濡れそぼつている茂みの中へと這い入ってきます。

ヌチャヌチャ、ジョリジョリと淫靡な掻き分け音をたてながら、舌は茂みから肉溝へと至り、ヌロヌロと内部を掻き回してきて……、

「あああっ、あっ……んあんっ！　はぁっ、あぁぁ……！」

「ああ、美味い……まさに甘露だ！　きみのおつゆ、舌が蕩けそうな味わいだよ！」

部長はそう言いながら、軽く私のお尻を持ち上げると、女陰から蟻の門渡りを通って後ろの秘穴までを、何度も何度も舌を行き来させてむしゃぶりまくってきました。

ジュルジュル、ベチャベチャ、ルロルロ……という恥ずかしすぎる汁音を響かせながら、私の下半身が啼きます。

「ああん、あはっ……イッ、イクッ……クゥ～～～～～～～！」

最後に部長が挿入して終わる前に、実に私は四回もイッてしまいました。

また、部長は、

「最近、勃ちが悪くてねえ……今日はこれを使って楽しませてもらうね」

と、バイブレーターを持ってくることもありました。それも一つじゃなく、用途に合わせて複数の種類を。

小ぶりでかわいいピンクのローターを私の左右の乳首にテープで貼り付け固定させ、アナルには少し細身のバイブを挿入、それらを同時に稼働させせながら、女陰を怪しくうねる極太のバイブで責めたててきました。

ウィンウィン……ブブブブブ……ヌブヌブヌブ……と、さまざまな作動音をさせせながら、まるで四方八方から襲いかかってくるような快感の波に私は気も狂わんばかりにヨがり、悶え乱れてしまいました。

「くはぁっ、ああ、ひあっ……あう、あああ～～～ん！」

「ああ、真中くん、最高にエロいよ……最高だ！　おお、私のも勃ってきたぞ……よし、今入れるからな……うむっ、んっ、ううう……」

「あ、ああっ、ぶ、部長……イ、イク、イッちゃう～～～っ！」

もうほんと、こんなの味わっちゃうと、雄太とのセックスなんてなんの面白味もなく、快感深度も浅くなろうというものです。

その後、実は雄太の経費水増し請求&着服疑惑は冤罪であることが判明して、彼の潔白が証明され、私に部長と関係を持つ義務はなくなったのですが、案の定というか……今度は私のほうが部長とのセックスから離れがたくなってしまい、現在に至るというわけです。

私、この先いったいどうなってしまうのでしょう？

■景子さんを一分間突きまくり、そのあと抜いて、続けざまに美晴さんの中に……

淫乱主婦二人を相手に必死の枕営業セックス

投稿者 長戸政則（仮名）／32歳／セールスマン

僕は健康食品のセールスマンをしています。

自分でいうのもなんですが、いわゆるイケメンの部類なので、セールスで伺ったお宅で女性のお客様に乞われ、オトナの売買契約（いわゆる枕営業）を交わしたことは少なからずありますが、あそこまですさまじい経験は初めてでした。

それは、ようやく夏の暑さも収まった秋口のある日の午後のことでした。

僕は、商品サンプルなどを納めたアタッシェケースを手に、初めて割り振られた担当地域を回っていて、そこのある一軒のお宅を訪ねました。

呼び鈴を押して出てきたのは、僕より少し年上の三十代半ばくらいに思える、なかなか美人の奥さんでした。僕が改めて来意を告げると、

「ふ～ん、漢方系の健康食品ねぇ～……興味ないこともないけど……ねーっ、美晴さーん、どうする？　話聞く～？」

と、どうやら奥にいるらしいもう一人誰か別の人に聞き、

「うん、いいよーっ。上がってもらえばー？」

その人から同意の返事が返ってきました。

「あ、今ちょうどご近所の主婦友が遊びに来てるの。二人いっしょに話聞いてもいいでしょ？」

「もちろんです」

というわけで、僕はこの家の主婦である景子さんと、その主婦友の美晴さんの二人に対してセールストークを行うことになったんです。

居間に通された僕は、持参した商品サンプルの効能についてあれこれプレゼンし、支払い希望に合わせた契約形態の種類についても説明しました。

ひととおり終えたところで、景子さんと美晴さんの二人の顔を見やりながら、その反応を窺ったのですが、どうも今ひとつピンときていなさそうなのと同時に、何やら思わせぶりな雰囲気を感じました。

「う～ん……まあ、いい商品なのはわかったんだけど、あともうひと押しメリットが欲しいっていうか……」

「そうよね。なんか特典とかサービスとかあると、いいかなあ……？」

「はあ、特典とかサービスですか……たとえばどういう……？」

この時点で僕はすでに、彼女たちが望まんとするところをある程度察していましたが、あえて誘い水を……。すると、

「……もうっ！　あなたももうわかってるんじゃないの？　こんなイイ女二人が真昼間から雁首そろえてヒマもてあましてるのよ？　なんか楽しく有意義な時間を過ごさせてほしいって言ってんのよ。アンダスタン？」

ほらやっぱり。

それにしても、有意義な時間って……ものはいいようだな。要はエッチして満足させてくれってことだろ？　この有閑スケベ女どもが。でもまあ、二人とも、顔もカラダもけっこうイケてるしな……こっちもやる気が出るってもんだ。

僕はそんなことを思いながら、ネクタイを緩めつつ言いました。

「わかりました。じゃあ、どちらから……？」

「どっちからもくそもないわよ、二人いっぺんによ、いっぺんに！」

「そうそう、まずは皆でお風呂に入るわよ！　ほら、さっさと脱いで！」

二人から問答無用で畳み掛けられ、僕はちょっとタジタジ……言われるままにするしかありませんでした。

脱衣所でスーツを脱いで裸になり浴室に入ると、ほどなく彼女たちが裸でなだれ込んできました。二人そろって胸は豊かで、くびれたウエストにヒップは丸く張り出し、脱ぐとますますそのナイスバディさが際立ちました。

「お二人とも、いいカラダされてますね」

「あら、あなただってイイかんじで引き締まってるわよ。ま、一番肝心なのは、アレがどうなのかってことだけど……見た感じはまあ平均的ね。でも平常時じゃよくわからないわ。さ、立たせてみましょ」

そう言うと、景子さんと美晴さんの二人はボディシャンプー液を手にとり、それをたっぷりと泡立てて自分たちと僕の体に塗りたくりました。そして僕を挟む格好で両脇から体を密着させ、双方の豊かな乳房を僕の胸になすりつけてきたんです。大きく丸い乳肉が柔らかくひしゃげながら、ちょっとだけ黒ずんだ大粒の乳首をうねらせつつニュルニュルと僕の小粒な乳首にまとわりつき、這い回り……そのおそろしく甘美な感触に、思わず僕のペニスはムクムクと反応してきて。

「うふふ、大きくなってきた、大きくなってきた」

二人は嬉しそうに言うと、乳房をうねらせたまま、手を伸ばして僕のペニスを摑み、もてあそび始めました。景子さんは亀頭から竿上部を、美晴さんは竿下部から玉袋を、たっぷり妖しく泡立てながら、ヌルヌル、チュクチュク、ムニュムニュ……しごきあげ、こね回し、揉みいじくり……あまりに気持ちよくて、僕は肛門にギュッと力を入れて、射精しないようガマンするのに必死でした。

そしてビンビンMAXに勃起したところで、景子さんがシャワーのお湯を出して、皆の体の泡を洗い流し始めました。すっかりすすがれてきれいになったところで、

「それじゃあ、ベッドに行きましょうか」

景子さんは言い、裸の三人で連れ立って彼女の夫婦の寝室へと向かいました。

それはダブルベッドをはるかにしのぐ大きさのキングサイズで、大人三人が寝ても余裕の広さがありました。

「さあ、今度は三人で、くんずほぐれつ愉しみましょ」

景子さんの音頭で、僕たちはからみ合い、愛し合い始めました。

僕はまず景子さんの胸にむしゃぶりつき、その乳房を揉みしだきながら、乳首をチュパチュパと吸いました。

「あ、ああ……いいわ、そう、そこ、ちょっと強めに噛んでぇ」

言われるままに強めに甘噛みすると、

「んはあぁあっ……いいっ、感じるぅ……そう、それよぉ！」

景子さんはそう言って乱れ、そこへ美晴さんが乱入し、僕のペニスを咥え込んできました。彼女の舌がまるでドリルのような勢いで僕の亀頭にからみついてヌルヌルと高速回転し、上へ下へと竿の裏筋部分を舐めしゃぶってきました。

（ううっ、こ、これはたまらん……またヤバくなっちまう……）

暴発の危機を感じた僕は一旦景子さんの体から離れ、今度は美晴さんのアソコに攻撃対象を移しました。黒々とした茂みの中に舌を突っ込み、ザリザリと掻き分けながら、中の鮮やかなピンク色の淫肉をねぶり回します。

「ああん……あっ、はぁっ……んあぁっ……かんじるぅ……」

喘ぐ美晴さん。するとまた景子さんが負けじとからんできて、

「ああん、あたしも、あたしももっとほしいっ……」

そう言って僕の手をとって自分のアソコをいじらせながら、彼女も僕のペニスを手でしごきたてました。なんだかよくわからない形でからみ合う三人でしたが、とにかく僕は必死で景子さんのアソコを指でいじりえぐり、美晴さんのアソコを舐めむさぼって……そのうち、美晴さんがまず軽く最初の絶頂に達しました。

「……っあっ、あ、あああぁぁぁ……」

「ほらほら、今度はこっちよ！」

するとすかさず景子さんが僕の首を引っ張って自分の股間に顔をあてがわせ、口唇愛戯を要求してきました。今度はシックスナインの体勢で、彼女も僕のモノをしゃぶってきました。さらにピンチは続きます。景子さんのアソコを舐め吸いながら、同時に彼女にペニスをしゃぶられて……うう、まだガマンできるか？　……そう少し気を抜いたときでした。

シックスナインの格好で上から景子さんに覆いかぶさり、がら空きになった僕のアナルに美晴さんが指を突っ込み、グリグリえぐり回しながら玉袋を咥え、バキューム吸引しながらコロコロと口中でタマを転がしてきたんです。

こ、これはさすがにヤバイ！

僕は暴発する寸前で二人から体をもぎ離し、荒げた呼吸を整え、ペニス内をギリギリまでせり上がってきていた精液を落ち着かせました。そしてある程度エネルギーを蓄えたところで、彼女たちに言ったんです。

「さあ、二人とも、そこにお尻向けて四つん這いで並んで。これから僕が二人まとめて突きまくってあげるから。もうチ○ポ欲しくてしょうがないだろ？」

「あ〜ん、早く早く、マ○コにチ○ポ、ちょうだ〜い！」

二人声を合わせるように答えたのを聞き、僕はまず景子さんの尻肉を摑んで背後からズブリと押し入りました。

「あっ、あ、ス、スゴ……スゴイ、イイ……あっ、ああ……」

そのまま一分間突きまくり、そのあと抜いて、続けざまに美晴さんの中に突っ込み、同じく一分間ピストンしました。

「ひっ、ひ、ひぃ……んあっ、あう……いいのぉ～～～っ！」

そしてこれを交互に各十回ずつほど繰り返した後、ついに二人にクライマックスが訪れました。

「あ、あああん……あ、あ……イク～～～～～～～ッ！」

「……ひあっ、あふ……あああああああっ！」

僕は二人がしっかりとイったのを確認したあと、ようやく溜まりに溜まった自分の精液も放出することができたんです。

いや～っ、ほんと疲れました。

結局、彼女たちは各自三万円分くらいずつ商品を買ってくれましたが、果たしてこのオトナの売買契約、効率的にいいのか、悪いのか……？

■彼女はその奥様然とした優美な雰囲気とは裏腹に股間はゴワゴワとした剛毛で……

まだ朝早いマンション内で受けた初めてのレズH洗礼

投稿者 君島塔子（仮名）／28歳／専業主婦

こんな関係、やめられないに決まってる。

だって、うちのダンナなんか比べものにならないほど、カヨコさんとのエッチはそりゃもうキモチいいんだもの。

あれは今から半年前のこと。

ダンナの転勤で今のマンションに引っ越してきて数日後、ワタシは朝、前日に荷解きして出た、まあまあの量のゴミを出そうと、指定の集積場まで持っていったんだけど、そこには誰もゴミ出ししてる様子がなかった。

あれ、回収日、今日じゃなかったっけ？

昨日管理人さんから聞いた情報との食い違いに困惑し、しばしそこに立ち尽くしてたら、声をかけてくる人が。

それがカヨコさんとの初めての出会いだったの。

「あら、なに？　新顔さん？　燃えるゴミの回収日は明日よ。月・水・金の週三日。残念ながら今日は火曜日。よかったら、他のこともいろいろ教えてあげようか？」

とてもフレンドリーな彼女の雰囲気に好感を持って、ワタシはお言葉に甘えて、このマンションや地域で暮らす上で必要な情報をレクチャーしてもらうことにした。

「じゃあ、お宅に行きましょうか。ゴミの分別なんかも直接教えてあげたほうがわかりやすいでしょ？」

「あ、でもまだ、引っ越しの荷物で散らかってて……」

「だからいいんじゃない。現場で具体的、かつ的確に片付けてったほうが効率がいいでしょ？　さあ、行きましょ、行きましょ」

見た目、色っぽいきれいな奥さんってかんじなのに、理路整然と話すその口調に押されるままに、ワタシ、カヨコさんを部屋にあげちゃってたっていうわけ。

そしたら彼女、そこら中に散らかってるゴミや荷物、不要品について、本当に見事なまでにテキパキと処理や梱包の仕方を指示してくれて、ワタシはただただ、言われるがままに作業をしていって……なんと、一日かかっても終わらないかもと思ってた仕事が、ものの一時間半ほどで片付いちゃったの。

でも、そのあとに起こった展開があまりに意外すぎて……！

「うわ～っ、ほんとありがとうございます！　助かりました～」

そう言って、ワタシが冷蔵庫から冷たい麦茶を出してきて彼女の前に置くと、

「うふふ、じゃあ、そのお礼の気持ちを態度で示してもらおうかしら？」

カヨコさんはそう言って、麦茶を一口、口に含むと、横座りしてたワタシの体をグイッて引き寄せて、なんと口づけしてきたの！　そして目を白黒させてるワタシにかまわず、口移しで麦茶を飲ませてきて。

「……んっ、んぐ、んふっ……ぐぅ……」

そしてそうしながら、彼女はワタシのカラダを抱き、まさぐり回してきた。Tシャツの上からブラに包まれたワタシの胸を摑み、揉みたて、こね回して。

重なった二人の唇から麦茶がダラダラとこぼれ流れて、ワタシのノドから胸元の辺りをジュクジュクと濡らしていく。

「……あらいけない、こんなTシャツ、脱いじゃいましょ」

カヨコさんは平然とそう言い、頭からワタシのTシャツを脱がしちゃった。

「……あ、あの、こ、こんなのって……その、あの……」

彼女の予想外すぎる行為になかばあっけにとられながら、それでもワタシはそう言って抵抗しようとしたんだけど、なんか、こわいほど悠然としてるその雰囲気に吞ま

れるみたいになっちゃって……。

「大丈夫よ、このマンション内じゃあ、こんなの普通普通。奥さん連中、みんな平気で楽しんでるんだから。ほらほら、ブラも取っちゃいましょ！　……わあ、大きくてきれいなオッパイ！　それにとってても柔らかくて……最高ね！」

あとで聞いたら、このマンション内の決して少なくない奥様連中は、ダンナのいない昼間、持て余した欲求不満をちょくちょく女同士エッチで解消してるっていう話。皆、あんな上品そうな顔してて、マジか⁉　ってかんじよね。

とかいいつつ、カヨコさんも自ら服を脱ぎだし、そのスレンダーな体型と優美な美乳を露わにすると、ワタシに裸体をまとわりつかせてきた。

うっわ〜っ、や、やわらか〜い……オンナのカラダってこんなに柔らかくてキモチいいんだ〜……もちろん初めて裸の女同士で抱き合うワタシは、その男とはまったく違う蕩けるような魅惑の感触に恍惚とし、えも言われぬ快感にどんどん呑み込まれてしまってた。

「ほら、乳首同士をこうやってこすり合わせると……」

「……あっ、ああん、はぁっ……あ、ああん……」

「うふふ、いいでしょ？　じゃあ、今度は舐めちゃおっ」

チュロッ、チュプ、ニュチュプ、チュ〜〜〜ッ……。

「あ〜ん、ち、乳首蕩けちゃう〜〜ッ……だ、だめ〜〜〜〜ッ！」

「何言ってんの、だめなわけないでしょ？　……はぁっ、なんだか私のほうも火照ってきちゃった。さあさあ、下も脱いじゃいましょ！」

そしてワタシもカヨコさんも全裸になって、お互いの黒い恥毛をさらし合う。カヨコさんは、その奥様然とした優美な雰囲気とは裏腹に股間のソレはゴワゴワとした剛毛で、それがまた意外性がありすぎて、たまらなくセクシーだったわ。

「ねえ、女のアソコ、舐めてみる？　大丈夫？　抵抗ない？」

カヨコさんはレズ初体験のワタシに気をつかってそうやって聞いてくれたけど、正直そのとき、ワタシは次々と溢れ出してくる未体験の快感に溺れていく一方で、抵抗感なんてとんでもない、もっともっとというかんじだったの。

「はぁっ……だ、大丈夫です！　カヨコさんのオマ○コ、舐めさせてください！」

「ほんと？　うふ、嬉しいわ。じゃあ、お互いに舐め合いっこしましょうね」

「はいっ、よろしくお願いします」

ワタシはそう応えると、彼女が自分にやってくれることを、一生懸命見よう見まねでお返しした。クリちゃんを舌先でツンツン、コネコネ、クニュクニュと刺激し、プックリと膨張させながら、ワレメちゃんの中に指を一本、二本……と入れてグチュヌチュと掻き回して。すると、カヨコさんもすごくヨガってくれて、

「あ、ああ～～っ、そう、そこよ……とってもいいわぁ……上手よ、あ、ああ、はぁ、あん、あん、あん、あん……！」

「んあっ、ワタシももうキモチよすぎて死んじゃいそうです～～～っ！」

そうやって、ワタシとカヨコさんはアソコを舐め合い、啜り合い、むさぼり合って……最後には脚をからませ合うようにして、お互いのドロドロに熟れ乱れた秘肉を押しつけ合い、ヌチャヌチャと嚙みあわせ合って、いつ果てるともしれない快感に没入し、とことん楽しんだっていうわけ。

いやマジ、いつものダンナの、自分だけさっさとイッて終わりっていう身勝手エッチに比べて、この女同士のお互いを想い合うエンドレスな気持ちよさといったら……ワタシ、完全にハマっちゃった！

今度、また違うレズパートナーの奥様を紹介してもらう予定なの。

うふ。

■私は課長をトイレ内に押し込むと、便器の上に彼を座らせペニスを取り出して……

新幹線車内でまさかのイケナイ不倫エッチに及んで

投稿者 増岡ゆりあ（仮名）／30歳／OL

その日、新幹線の隣りの席に座る課長（三十四歳）の存在を噛み締めながら、もう私の心ははち切れんばかりの期待で満ち、カラダはゾクゾクするような甘い戦慄に支配されていました。

ようやく……ようやく、この世の誰よりも大好きな課長との、一泊温泉旅行が実現するから。ああ、どれだけ今日このときを待ち侘びたことか。

私が課長という男性に心奪われるようになってから、もうかれこれ二年が経ちます。

最初はためらいました。

課長は妻子持ち、私も夫のいる身。

完全なダブル不倫です。

でも日々、課長の人柄にふれ、そのやさしさに癒されるうちに想いはどんどん深まり、いつしか私の中からそんなためらいやモラルなど消え去ってしまい……燃え盛る恋心をどうにも抑えられなくなった私は、ことあるごとに課長にモーションをかけ、一度でいいから自分のことを抱いてほしいと訴え続けました。

「きみのことはとても魅力的で、そこまで僕のことを想ってくれてとても嬉しい……でも、ごめん。僕は妻と子を裏切れない」

最初はかたくなにそう言って拒絶していた課長でしたが、ある日、とうとう首を縦に振ってくれたのです。

「じゃあ、一度だけ。一度だけきみの想いに応えよう」

「ほんとですか⁉　うれしい！　ありがとうございます」

そのとき私は、これでこの先も続いていくであろう、夫との砂を噛むような愛のない暮らしにも耐えていける……そう思いました。

実は夫とはもう丸三年に渡ってセックスレス状態にあり、夫は外で愛人の女たちと関係しまくりでしたが、私の家は夫の実家から商売の関係で多額の借金をしており、私としては立場的にひたすらガマンして耐え忍ぶしかなかったのです。

そんなさまざまな思いを反芻しながら、ふと隣りを見ると、課長のやさしい笑みが私を受け止めてくれました。

ああっ、課長……本当に、心の底から愛してる！

一瞬にして恋慕の炎が燃え上がった私は、思わず手を課長の股間に伸ばし、ズボンの上からその膨らみを撫でさすっていました。

「あ……だ、だめだよ、増岡くん、こんなところで……」

当然、課長は私の突飛なふるまいに対してうろたえましたが、今日は週末の土曜とはいっても、世間は緊急事態宣言の渦中にあり人流も少なく、新幹線の車中はガラガラに空いていて、前後左右どころか、その先数席に渡って乗客は誰もおらず、基本、たまに回ってくる乗務員の目にさえ気をつければいいという状況でした。

それを十分把握したうえで、

「大丈夫ですよ、誰も見てませんから。そんな、宿に着くまでなんて……私、とてもガマンできないんです」

私は課長の耳元に唇を近寄せ、耳朶に息を吹きかけながらそう囁き、変わらず股間を刺激し続けました。課長は一瞬ゾクゾクッと身を震わせ、さっきまでまだ柔らかかったふくらみは、がぜん硬いこわばりと化しました。

「……ああ、ま、増岡さん……」

「嬉しい、私の手でこんなに硬くしてくれて……」

私は軽く舌なめずりしながら、さらに、課長のズボンのチャックに手をかけて、チーッと引き下ろしました。そして中をゴソゴソとまさぐると、とうとう勃起したペニスを引っ張り出しました。

「……あっ、ま、増岡さん、ちょっ……さすがにそれは……っ！」

「大丈夫、大丈夫ですって、課長……ほら、もうこんな、爆発せんばかりにいきり立って……とてもすてきです……」

私はそう言いながら、ゆっくりと手コキを始めました。

課長のパンパンに赤く張り詰めた亀頭の膨張感を、竿に浮き上がった太い血管がドクドクと脈打つ力強い熱さを……その手のひらの中でじっくりと感じ取りながら。

「うっ、うう……増岡さん……っ」

「ああ、課長……私のも触って……！」

私の性感も燃えたぎり、自分でブラウスのボタンを外し少しはだけると、フロントホックのブラの留め具を外し、露出させた乳房のほうに課長の手を導き、言いました。

すると、もはや課長も躊躇はしませんでした。

手コキの快感に軽く息を喘がせながらも、私の乳房をムニュムニュと揉みたて、とつくに尖りきった乳首を摘まむとコリコリ、クニュクニュとこね回してくれて。

「あ、あはぁ……ん、んふぅ……んっく……」

乳首の先端からジンジンとたまらない快感が流れ込み、私の昂りも頂点に達してしまい……頭を課長の股間のほうに深く沈めていました。

そして……！

「んあっ、はぁっ……あ、くふぅ……」

課長の喘ぎが一段とその切迫感を増しました。

とことん昂ってしまった私は、とうとう課長のペニスを咥え、フェラ行為を始めてしまったのです。

今思えば、さすがに自分でもよくやるなあとあきれますが、そのときはどうにもガマンできなかったのだから仕方ありません。

それでもどうにか精いっぱい音をたてないよう気をつけて、首を上下させてしゃぶりたてて課長のペニスを追い込んでいったのですが、そのとき、課長の慌てた声が聞こえました。

「あ、増岡くん、前のほうから乗務員が来る……！」

となると、さすがに続けられません。

私はそそくさとフェラ行為をやめて課長のペニスをズボンの中にしまい、すばやく自分の身づくろいをして素知らぬ顔……なんとか乗務員をやりすごしました。でも、いったん火がついてしまった欲情は簡単にやりすごすことはできません。私は課長の手をとると素早く立たせ、個室トイレへと向かっていました。

「えっ……ま、まさか増岡さん……!?」

「うふ、そのまさか、ですよ。さ、誰も見てないうちに入りましょ」

私はそそくさと課長をトイレ内に押し込むと内鍵をかけ、蓋をした便器の上に課長を座らせました。そして再びペニスを取り出すと、直角に屹立させたその上にヌプヌプと腰を沈め、恋しい課長の肉棒を、はしたないほど濡れたアソコの中に呑み込んでいったのです。

「ああっ、課長……いいっ！　すてきっ……！」

「……んくあっ……ま、増岡さんっ……！」

まさかの新幹線トイレ内での不倫本番セックス。

それはもうスリリングで、短い時間だったけど、最高に感じました。

もちろんその後、目的地の温泉宿に着いてからも、私は思い残すことがないように課長とのセックスをむさぼり倒したというわけです。

素人手記
我慢できなくて…
つい自分から誘ってしまったんです…
欲求不満が溜まりすぎた女たちの絶頂告白

２０２１年１０月１８日　初版第一刷発行

発行人　後藤明信
発行所　株式会社　竹書房
〒102-0075　東京都千代田区三番町８－１
三番町東急ビル６Ｆ
email：info@takeshobo.co.jp
ホームページ：http://www.takeshobo.co.jp
印刷所　中央精版印刷株式会社
デザイン　株式会社　明昌堂
本文組版　ＩＤＲ